ウィリアム・ブリッジズ
William Bridges
倉光修　小林哲郎［訳］

トランジション

人生の転機を活かすために

Transitions

Making Sense of Life's Changes

改訂版を出すにあたって

この本が最初に出版されてから二五年の間に、私は、最初にこの本を書いた時には思いもしなかったほど数多くの（この言葉では語り尽くせないような）トランジションを経験した。一九七九年、私はまだ文学部の講師をやめたばかりだったが、『トランジション』（*Transition*）を書いたあと、自分の人生の変化に対処しようとする人々を手助けする仕事に就いた。この小さな本が私を船出させたのだ。

『トランジション』が最初に出版された時、何が起こるかまったくと言っていいほど予想できなかった。トランジションが非現実的すぎて多くの読者に受け入れられないのではないか、版を重ねることなどないのではないかと心配していた。しかし、二五年がたった今、『トランジション』は四一刷、五一万部も出版され、今なお売れ続けている。驚くべきことだ。しかも、私はよく古本屋を物色するのだが、この本が古本屋の棚に並んでいるのを見たことがない。非常に多くの読者が、この本を手元に置いて、人生の大きな変化に直面した時は読み直すようにしていると話してくれる。本書を他人に貸す人もいる――戻ってこないこともあるが、その人は次の変化に備えるため、あるいは別の友人に貸すためにとっておくようだ。そのため、何人の人々が本書を読んでいるのか知る術はない。

しかし、初版の時からこの本には不満な点がいくつかあった。初版には「愛することと働くこと」という章があったが、そこで人生におけるこの二つの重要な領域がどのような形で人をトランジションに引き入れるのか、またトランジションを迎えることで仕事や人間関係にどのような影響が及ぶのかを十分に説明できていなかった。また私は、この本が出版されたあとで行ってきた仕事に基づいて、さらに考えてきたことを追加したいと思った。そして最後に、当時ははっきりしなかったことがいくつかあり、それを説明するのにほかの視点が欲しいと思った。

『トランジション』の初版にはほかにも問題がある。これを出版したのは私が四〇代半ばのことだったが、七〇歳になった今日、物事が少し違って見えるようになったのだ。驚くべきことでもないが、年を重ねて自然にもたらされたトランジションは当時よりも心の中に蓄積されている。私はまた、近年、その定義が深く再考されている「退職（retirement）」という概念に魅了されている。しかし、いくら創造的な再検討がなされているとはいえ、やはり「退職」はいまだに、トランジションではなく単なる変化と見られている。

ほかにも問題があった。私は初版では変化とトランジションの区別を明確にできなかった。われわれの社会はこの二つを日常的に混同しており、トランジションは変化の同意語であると思われている。しかし、実際はそうではない。変化とは新しい町への転居や新しい仕事への転職、新しい子どもの誕生や父親の死去、職場の健康維持プランの改善や経営者の交代、あるいはあなたの会社が行った他社の買収のことなどである。

つまり、「変化」とは状況が変わることであり、一方、「トランジション」とは心理的に変わることである。トランジションとはそうした外的な出来事ではなく、人生のそうした変化に対処するために必要な、内面の再方向づけや自分自身の再定義をすることである。トランジションを伴わない変化は部屋の模様替えにすぎない。トランジションが起こらなければ、変化は「受けとられない」ので、機能しないのだ。われわれの社会においては、さまざまな言葉で変化について語られてきた。しかし、トランジションについて触れられたことはほとんどなかった。不幸なことに、トランジションはいつも不意に襲いかかり、トラブルの元となっている。

トランジションは、事故のようにあらかじめ対策を講じられるもの、たとえば、退職後に備えて、十分に資金を蓄え、良い住居を選び、何か新しい趣味を持つなどといったことではない。これらの退職に関する事柄の中に、この本で扱っている三段階のトランジション・プロセスを乗りきる方法を見いだすことはないだろう。いくらこのような変化に対する準備をしても、トランジションに備えることはできない。

われわれよりもトランジションに注目し、トランジションを迎える上でより効果的な備えをしてきた社会がある。そういった社会では、典型的な儀式（われわれが「通過儀礼」と呼んでいるもの）があり、個人が人生のある章を終えて新しい章に入るときに役立てている。また、その社会では、人生はトランジションによって区切られているという考え方があり、人々はしかるべき時期にトランジションが来ることを予期し備えることができる。そういった概念を持たないわれわれは、人生の四季がわからない人みたいなものだろう。暖かくなったり寒くなったり、湿ってきたり乾燥したりということはわかるが、それを単に「天候」の変動としてしか認識していない。全体像が見えていないのだ。

季節という比喩は、伝統的な社会が人々にトランジションについて伝えてきたもう一つの方法を示唆する。このような社会はたいてい、季節ごとに非常に手の込んだ儀式を行っており、その儀式によって、たとえばいつから日没が早くなったり遅くなったりするか、いつ一年が終わり新しい年が始まるのかがわかるようになっている。われわれの社会にも、大晦日や元旦はあるが、それは、パーティーの日やアメフトのTV番組が放映される前日などというぐらいのものだ。新年を祝う会では、世界が一度死に、生まれ変わるという実感が得られない。

しかし別の社会では、トランジションのプロセスを規則正しく、繰り返しドラマチックに表現してきた。それは、物事のありようが一種の「死」によってどのように終わりを迎え、また一種の「誕生」によって、どのように新たに立ち現れるかを提示する。こういった表現によって、人々はトランジションに慣れ親しみ、それにどう対処したらよいかを学んできた。このような儀式や行事を維持したいと思う人もあるかもしれないが、われわれの社会はそうはしない。人々はこれまで集団で習慣的になされてきたことを、これからは個々人で意識して行わねばならないようになるだろう。

この本を最初に出版した時、私はいつの日かまったく新しい職業を生み出すのではないかという空想に浸っていた。「マイユティックス（maieutics）」という名前すら用意していたぐらいだ。ギリシャ語で「産婆」を意味するマイユティックスは（私のイメージでは）、トランジションの死と再生のプロセスに悪戦苦闘する人々を助ける専門家のことである。次第に分かってきたことだが、数多くの人々がトランジションから何かを得ようと努力してきたが、死と再生のプロセスを促進しようとした人はごく一握りにすぎない。（死と再生？　それはちょっと……うーん……大げさではないかな？　あなたは、仕事を変えたり、離婚を乗り切ったり、四〇歳を迎えたりしたときに、役に立つちょっとしたコツを知っているんじゃないの？　なんていうか……ハウツーのマニュアルみたいなものを）

そういうわけで、新しい職業が生まれることはなかった。しかし、私は当時のトランジションを乗り越えた。最初にこの本を書くきっかけになったトランジションである。そして私は、個人や組織がパーソナルな変化（トランジション）に対処する手助けをし、それによってトランジションをより苦痛や混乱の少ないものにし、より生産的なものにするという仕事を実際に行ってきた。一九七〇年代に私に起こったトランジションは、私自身を再生させた。あなたのトランジション（あなたがこの本を読むことにした理由です。覚えていますか？）も、あなたを再生に導くことができるだろう。

あなたの旅に幸あれ。

目次

謝辞

この本は、私自身が経験した混乱を、個人的に振り返りながら書いたものである。はじめ私は、自分の人生に起こった予期せぬ変化を理解したいと思った。その後私は、同じような必要性を感じている人々と協力しはじめた。そして、ようやく本を書こうと思ったのだ。したがって、私は本書の作成や過去の研究に協力していただいた方々よりも、私のトランジションを支援してくださった方々にまずお礼を申し上げたい。

そのような方々は非常に多数にのぼる。はじめ私は、住所録を取り出して一人ひとりの名前を挙げようかとも思ったが、ここではこの本の創作にあたって重要な役割を果たしてくださったごく一部の方々の名前を記したい。まず、初版の出版に際し、さまざまな重要なポイントで私を支えてくださった、故ジェームズ・インゲブレッツェン氏。個人的に編集作業を手伝ってくださったジョン・レヴィ氏。そして今は亡き妻、モンディー。彼女は本書の企画から刊行まで私を助けてくれ、また彼女自身の心理療法家としての経験から多くのことを教えてくれた。

また、初版からの編集者で、最初にこの改訂版を構想し、とうとう出版にまでこぎつけたマーニー・コクラン氏。最後に、私と出会う前にこの本の初版を読み、今では私のトランジションの大海で強固な拠り所となっているわが妻、スーザン。みなさま、ありがとうございました。

第Ⅰ部　変化が必要なとき

トロイは、石器時代からローマ時代まで一〇〇〇年以上の間に、九度も破壊と再建を繰り返した。ポンペイは火山の噴火で埋もれてしまった。……かくて、旧世界はゴーストタウンの上に、つまり祖先の砕かれた夢のかけらの上に建てられてきたのである。一方、アメリカにおいては、ほとんど何もない大陸の上を人々が早い速度で移動したため、考古学的遺物は広範囲にまき散らされる形となった。ここでは、役立たずになった町は埋められるのではなく、見捨てられて、まさにゴーストタウンになった。その町特有の建物や生産物は、まだ使えるものであっても、ただ置き去りにされたのである。

ダニエル・J・ブーアスティン『アメリカ人――民主主義の経験』[1]

アメリカ人は常にトランジションを経験している。旧世界では家族はある場所から始まるのだが、新世界では家族は移住とともに始まる。古い生活から新しい生活へのトランジションは、移住者がこちら岸に着いたからといって終わるものではない。アメリカ人はある場所からほかの場所へ、ある仕事からほかの仕事へ、移動しつづける。地平線のすぐ向こうに何かもっといいものがあるという信念に引きずられて、彼らの生き方は頻繁なトランジションに特徴づけられることになるのである。

アメリカを訪れるヨーロッパ人たちは、アメリカ人がそういう生活を送っているのを見て、驚きを隠せないようだ。フランス人のアメリカ文化研究家アレクシ・ド・トクヴィルは、一八三一年の日記に、次のように書いている。

アメリカ人はしばしば胎児期に移動し、常に移り変わる景色の中で成長し、常に移動したい衝動に駆られている。彼らは、片時もじっとしていない。変化することにだけ慣れ親しみ、移動しつづけることが人間の本性だと信じて死んでいく。彼らは常に変化する必要を感じる、いや、変化を愛しているのである。アメリカ人にとって「不安定」という言葉は不幸をもたらすものではなく、奇跡の源を意味するのである。[2]

これはたしかにアメリカ人の人生の半面であるが、それは外的、あるいは表面的な話である。内的にはトランジションは、それほど心地良い体験ではない。二〇年間山中に眠りつづけ、世の中の変化に驚いたリップ・ヴァン・ウィンクル老人（W・アーヴィングの短編小説の主人公）のように、数えきれないほどのアメリカ人が、彼らの人生の節目で起こる変化にショックを受けて「飛び起きた」。ご存知のように、リップはずっと呪文をかけられていたので、言い訳もできた。しかし、自己向上のためにトランジションを求めた人たちにとっては、その経験は困惑させられるものであった。

最も有名な作家であったヘンリー・ワーズワース・ロングフェローは、人生の頂点にあった五〇歳の時、故郷のメイン州ポートランドを訪れた。そこで彼は、「変わってしまった」という詩を作った。その出だしはこうである。

町外れの
古い里程標が立つあたり。
今や異邦人となった私は、
薄暗い幽霊の出そうな森影をながめている。
町が変わったのか、私が変わったのか。

ああ、樫の木は緑の若葉をそよがせる。

けれど、この薮で遊んだ仲間たちは、
長い月日の間に、
心通わぬ人々になってしまったのだ。[3]

この詩が書かれてから一世紀半の間に、アメリカ人の生活の変化のペースは格段にスピードアップしている。未来学者アルビン・トフラーが『未来の衝撃』に書いているように、「われわれの頭は変化でいっぱいになっているのに、多くの人は怖いぐらいにそれに対処する心構えができていない」[4]のである（この記述もまた今から三五年も前のもので、もはや時代遅れなのだ）。

しかし、われわれを迷わせているのは変化のペースではない。多くのアメリカ人は、トランジションは、結局は自分たちをどこか良いところに連れて行ってくれるはずだという信念を失いつつあるのだ。個人的なトランジションにおいてしばしば体験する、まるでなにもかもが宙ぶらりんにされたような感覚は、何かの意味が見いだせれば……つまり、望ましい目標へ向かう動きの一部であるとわかっていれば、耐えられる。しかし、より偉大で有益な生き方と無関係だとすると、浮遊状態は単に苦しいだけである。

そのうえ、トランジションにいるという体験自体が、いまや変わりつつあるのだ。離婚から再婚までの期間、離職から再就職までの期間の持つ意味が根源的に変わっている時代においては、そうした変化は非常な苦痛を伴うものである。それはまるで、向こう岸にたどり着こうと川岸の船着き場からボートを出し、しばらく進んでふと見ると、向こう岸がなくなっているのを発見するようなものだ。そして、後ろを振り返ってみると、出発した船着き場が崩れて、流れにのみ込まれるのが見えるのである。

状況や人間関係やアイデンティティが一つのものから別のものに変わるトランジション期にあるとき、しかも、そうしたトランジションそのものが変化している現代にあって、多くのアメリカ人は半永久的に「過渡的状態」に居つづけねばならないのである。

そんなことなら、作家とかカウンセラーたちがずっと以前からこの状況に取り組んでいるにちがいないと思われるかもしれないが、事実はそうではない。信じられなければ、図書館に行って事項索引で「トランジション（transition）」を引いてみるといい。「輸送システム（transit system）」の次の見出しは「翻訳（translation）」になっていて、たぶん「トランジション（transition）」はないだろう。もちろん「転職」「離婚」「死別」などの項目で下位項目としてトランジションという言葉を見いだすことはできる。また、人生の重要な転換期におけるトランジションについては、かなり書いてあるだろう。しかし、トランジションの内的で潜在的なプロセス自体については何も書かれていないのである。

実際、初版のトランジションが出版される以前の一〇年間にも、成人期について書かれた本が何冊かある。それらは、われわれが経験する三〇歳のつまずきとか中年期の危機が少なくとも大変なことであることは証明していた。しかし、その種の本が前提としている理想的な人生設計に自分の人生を重ね合わせようとしても、ただフリーサイズの洋服をかぶるようなもので、それらの本によって、トランジションのまっただ中にいるという、自分の現在の経験の意味を十分に明らかにすることはできないのである。

この本の主題とは、古い状況から抜け出し、過渡期のどっちつかずの混乱を経験し、それから新しい状況に向かってふたたび前進し始めるという、とても困難なプロセスそのものである。これからの議論においてこの三つのプロセスは非常に重要である。もう一度整理しておこう。つまり、どんなトランジションも（1）終わり（2）ニュートラルゾーン（3）新たな始まりから成っている。ここでは、近年の成人期の発達研究を踏まえて、そのトランジションがなぜそのときに起こったのかについて、いくつかの役立つ考え方を提供する。

すべての人の一生にはそれぞれ固有のリズムがあるので、本書は個人的な発達史を確認する上で役に立つだろう。特別な変化がどう起こり、どう進行するかが明らかになれば、トランジションが仕事や人間関係に与える特有の影響について説明できる。

本書は、トランジションに際して、建設的に対処するための手助けとなる具体的な方法を提示しようとするものであり、単純なハウツー本ではない。というのは、本書は個人の発達に関する理論にもとづいて書かれているからである。その理論においては、トランジションは、生きる方向を見失ってからそれを再発見するまでの、自然なプロセスと見なされる。それはまた、成長過程の中でのターニングポイントでもある。

自然界を見ればわかるように、成長においては、加速する時期や変容する時期が周期的に訪れるものである。進行が遅く何も起こっていないように見える時期のあとで、突然、卵の殻にひびが入り、小枝に花が咲き、おたまじゃくしのしっぽがとれ、葉が落ち、鳥の羽が生え変わり、冬眠が始まる。

人間においてもそれは同じである。羽や木の葉ほど明らかな兆候はないが、トランジションの機能は同じである。その「時」は、自然な発達と自己再生のプロセスにおけるキーポイントなのである。こうした自然なトランジションへの理解がなければ、自分には変化は起こらず、これまでと変わらない人生を送るのだと思うよりほかなくなってしまう。もしわれわれが、トランジションの初版以降、学んだことを一つだけあげるとすれば、それは「変化は起こる」ということだ。そうした変化は今では普遍的なできごととみなされており、人はそれに前向きに取り組んでいかねばならないのである。

第1章　トランジションのただなかで

「おまえは誰だい？」芋虫が聞いた。

「えーと、私も今はよくわかんないの」アリスはもじもじしながら答えた。

「少なくとも、今朝起きた時には私は自分が誰だかわかってたの。でも、そのあと何度も変わるはめになっちゃったの」


ルイス・キャロル『不思議の国のアリス』[1]

誰の人生にもトランジションの時がある

私がトランジションの問題に興味を持ったのは、一九七〇年ごろだった。そのころ私は、内的にも外的にも、苦悩に満ちた変化を経験していた。それらの変化が理由で教育の仕事を離れたのにもかかわらず、私はすぐに「トランジションのただなかで」と銘打ったセミナーを始めていた。

【法則1――トランジションのはじめのころは、新しいやり方であっても、昔の活動に戻っている】

このコースに参加した二五名の人たちはさまざまな混乱や危機のさなかにいた。また、私自身も少しばかり途方に暮れていた。結局、私は仕事を辞めて、家族全員で郊外に引っ越した。そして、ほかのいくつかの家族と小さなコミュニティを作った。私のライフスタイルに変化が始まったのである。

当時私は、そのセミナーが郊外に住み都心で働くほかの地域の人々を惹きつけるであろうし、やっかいなトランジションをみなでじっくり考えれば、何とか解決の糸口が見つかるのではないかと考えていた。たしかに、そのクラスには新興住宅街の人も来たが、ほかの地域から来ている人もいて、そこで持ち出されたトランジションの問題は予想をはるかに越えて多様であった。

最近、離婚や離別をした男女がいたし、再婚したカップルや新婚ほやほやのカップルもいた。いきなり四人の子持ちになった二六歳の男性もいた。未亡人もいたし、退職したばかりの男性も何人かいた。夫が退職したという人もいた（彼女の夫は参加できなかった。彼は退職後数週間で健康を害し、以後体調が悪化しつづけたのである）。

そのほかにも、最初の子どもを産んだばかりの女性もいたし、心臓の発作に見舞われたばかりだという男性もいた。ここに来る直前に職場で大きく昇進したという人までいた（彼については「問題もないのに、どうしてここに来ているんですか」と私に問いただす参加者もいた）。子育てを終えたあと、大学に再入学した女性も三、四人いたし、解雇されたばかりだという人も二人いた。はじめて家を離れて自活している若い女性もいたが、彼女は、自分よりも年長のほかのメンバーがすこしも良い人生を送っていないことを知って、驚いたようであった。「二三歳なら混乱してもいいと思うけれど、みなさんの年齢になるころには何とか解決していたいものだわ」と彼女は言った。われわれはみな、たじろぎながらうなずき、自分も若いころにはそう思っていたと認めた。

最初、セミナーのメンバーはお互いに気をつかって、自分の問題がほかの人の問題とかなり共通していることを認めようとしなかった。「あなたはそれでもまだ仕事があるじゃない」「あなたのほうが幸せよ。だってまだ、結婚しているもの」などと彼らは言い合ったものである。しかし徐々にではあるが、彼らは、それぞれの状況における経験が、深層では同じように基本的なものを突きつけていることに気づき始めた。

初日の夜、私たちはさまざまな問題をリストアップしてみた。すると、われわれが経験している問題は、大きくいうと次の三つの時期を経過するように思われた。すなわち、「何かが終わる時期」「混乱や苦悩の時期」「新しい始まりの時期」の三つである。

トランジションへの対応は人それぞれである

トランジションには三つの局面があるということから話を始めたが、言うまでもなく、これらの局面に対する人々の態度はかなり多様なものであった。トランジションに入るきっかけとなる変化を自分の意志で選びとった人は、何かが終わることのマイナスを過小評価しようとした。彼らはまるで、「終わり」が苦痛であると認めることは、その変化を選んだ自分が失敗したと認めることであるかのように感じていた。一方、不本意ながらトランジションに入った人や、知らず知らずのうちにトランジションを迎えた人は、新しい人生が始まり、新局面が訪れる可能性があることをなかなか認められなかった。

つまり、トランジションに良い点をまったく見いだすことができない人がいるように、トランジションに伴う苦痛を認めようとしない人もいるのである。けれども、トランジションの経験が不思議な感じや困惑を伴うという点では、参加者すべてが同意した。古き良き時代に戻るか、輝かしい新世界に突き進むか、どちらを望むにしろ、彼らは過渡的な状態からできるだけ早く脱出したいと願っていたのである。

私たちはトランジションのこの三つの局面をもっと検討することを決め、私は第二回のセミナーのテーマを、何かの「終わり」にすることをみなに知らせた。すると、赤ん坊を産んだばかりの若い母親が当惑を隠しきれないようすで言った。「私はこの子を大学に送り出そうとしているわけじゃありません。まだ子育てにとりかかったばかりなんです」。彼女が対処したかったのは「終わり」ではなくて「始まり」だったのである。

　赤ん坊は「すばらしい」（彼女は何度もそう繰り返した）男の子だったが、母親はそれでもいくつかの小さな問題を抱えていた。彼女は、どれぐらい赤ん坊を泣かしておいたほうがいいのかとか、夫にもっと手伝ってもらうにはどうしたらいいかといったことを、セミナーのメンバーに尋ねた。

　すると、セミナーはたちまち、それについてのアドバイスばかりになってしまい、「終わり」の話題はどこかにいってしまった。しかし興味深いことに、そうしたアドバイスはほとんど役に立たなかった。そういったことは彼女がすでにどこかで聞いていたか、出産前に本で読んで知っていたことばかりだったのである。彼女はうろたえ、怒りだした。最初、その怒りは夫に向けられ、次に、子育てとは実際にはどういうものかについて教えてくれなかった彼女の母親に向けられ、その次には赤ん坊に、そしてついには会のメンバーにも向けられた。「私がバラバラになりかけているときでも、あなたたちは何とも思わず、ただそこに座ってうなずいて共感しているふりをするだけ。私はバラバラになりそうなのよ」

　ちょっとしたアドバイスが必要な「すばらしい」赤ん坊の話から、われわれがかなり進んできたことは明らかだった。そして、やがて行き先も見えてきた。しばらくすると、彼女はそれまでの人生や子どもについて望んでいたことを、非常に鮮やかに話してくれたのである。彼女は結婚してから二年後に妊娠した。彼女も夫も子どもが欲しかったので、赤ん坊が生まれた時は二人はとても幸せだった。しかし、やがて二人は、赤ん坊がこれほどうるさく、やっかいで、要求の多い存在だとわかって驚くのである。「私たちはもう二人っきりになれない」。少し怒りが鎮まってから、彼女は悲しげに言った。

「私は赤ちゃんがほんとに大好き。だけどかつての自由や気楽さはもうなくなってしまった。好きな時に休むこともできないし、自分の立てたスケジュール通りに生活することもできない。もう自分の人生ではないとさえ感じるんです」

この女性は私たちに、「終わり」のことは忘れて「始まり」にとりかかるように要求したのだが、実際は人生のある局面が「終わる」ことからくるショックに直面していた。彼女が言い立てたさまざまの問題は、たいして重要ではなかった。それらが少々改善されても、根本的な問題は残ったままなのだ。

彼女は言った。「これまで、こんなふうに考えたことはなかったんですけど、いま、私はハードルを一つ越えたのかもしれませんね。そして、もう、過去には戻れない。懐かしい時代は過ぎ去ったんです。どうしてこのことを誰も話さないのかしら。みな、新生活おめでとうと言うけれど、私はかつての生活を失った悲しみを味わっているんです」

そういうことは誰も話さないという、彼女の予測は外れた。彼女が自分の苦しみを語り出すと、すぐに、五、六人の人たちが同じことを別の形で体験したと口々に述べたのである。ではなぜ、こういうことは話しにくいのだろう。ある人は、良いと思っていた事がらについて、悲しんだり怒ったりするのは恥だと思う。別の人は、そういう話は後悔の嘆きにすぎないと思う。また自分は、ほかの人々のように人生の普通の出来事をうまく処理できないで、混乱し当惑しているだけだと思う人もいる。

このようなわけで、彼らは人生の中で何かが「終わり」になる時に起こる予期せぬ衝撃について、あるいは、新しい「始まり」に向かって進む際に立ちはだかる潜在的な「終わり」について、多くを語らないのである。ここで、私たちは法則2を発見した。

【法則2――すべてのトランジションは何かの「終わり」から始まる】

私たちは新しいものを手に入れる前に、古いものから離れなければならない。それは外的にも内的にも言えることである。

われわれは人々やさまざまの場所に対して、自分が何者であるかを定義するようなつながりを形成している。つまり、新しい町に住んでいるにもかかわらず、頭の中はこまごまとした古い記憶でいっぱいにしたままなのである。……中華料理店がどこにあって夜は何時に開店するかとか、ボブの電話番号は何番だとか、どこの靴屋には子どもの靴があるかとか、お医者さんの休みはいつだとかなどなど。

いろいろな部族の通過儀礼において、人生のある局面から次の局面に移行するのを促すために、しばしば古い記憶や情報を消し去る儀式が挿入されるのも驚くに当たらない。[2]

われわれはいつも、必要な外的変化のほとんどをやってしまったあとで、何かの「終わり」に直面していることに気づく。すなわち、新しい家に住むとか、新しい仕事に就くとか、新しい人間関係を持つということが一段落してから、自分がまだ古い結びつきから離れていないという事実に気づかされるのである。

もっとひどいときには、古い内的生活リズムに戻っているにもかかわらず、本人はそのことに気づかない。われわれは、実験室のタンクやレストランのキッチンに移されたにもかかわらず、それまで住んでいた海の潮の干満のリズムに合わせて殻を開閉する貝のようなものである。

古い生活を捨てることは、なぜこれほど大変なのだろう。これは難しい問題である。とりわけ、われわれが変化を望んでいた場合には、不思議なことである。われわれの一部分が、いまだに昔のままであるということを認めるのは嫌なことだ。昔のままで良いのなら、変化させたことがまちがいだったのかもしれないという疑惑にとりつかれるからである。何もかもわかっていると思っていたのに、古いやり方が正しくて、新しいやり方がまちがっているなどということがあるだろうか。

こういう疑問は、その人の現在の人生があまり幸福なものとは言えない時に生じやすい。家事や車での送迎ばかりしていた専業主婦がついにパートタイムの仕事に就くことを決心した時、つまらない仕事をしてきた事務員が仲間と新会社を設立する時、こういう時には古い役割を捨てるのが難しいなどとは考えないだろう。長年にわたって親や兄弟から疎外されてきた人は、彼らが死んだ時に深く動揺するとは思わないだろう。ずっと一人ぼっちだった人が結婚した時、ようやく遺産を相続して帳尻を合わせられた時、長年求めてきた名声が得られた時、こういうときに「何かを失った」などと、どうして感じられるだろう。

往年のラジオのコメディアンであるボブ・バーンズは、母親の揚げたこってりした衣のついたフライを一八年間食べつづけた舌で、はじめて軍隊食を食べた時の話をよくしていた。一週間、さっぱりとした軍隊食をとったおかげで、彼の生涯にわたる胸焼けが治った。しかし、これで救われたと感じるどころか、彼は診療所にかけ込み、胸を抑えながら叫んだ。「先生、先生！　助けて！　死にそうだ。胸の火が消えちゃうよ！」

われわれはこういう時、何かを突然失ったように感じる。というのは、ほとんど気づかないのだが、われわれは生活している環境に、ある程度自分を合わせているからである。われわれが何者かということは、これまでとってきた役割やまわりの人間関係に、否応なく部分的に規定されているのである。いや、過去とのつながりはそれ以上に深い。われわれの存在のあり方全体（あなたをあなたと認識させ、私を私と認識させる個人的スタイル）は、与えられた生き方のパターンにフィットするように、内的に形成され、調整される。われわれが不平を言うこと自体が、そのスタイルの一部なのである。

たとえば、夫のジャックが冷たいとマージが言ったり、仕事で能力を発揮するチャンスに恵まれないとジャックが嘆いたりすると、人は彼らが夫や仕事を変える機会に飛びつくと思うかもしれない。しかし、その後、ジャックは家に花束を持って帰り、マージは「どうしたの、変じゃないの」と言う。

一方、ジャックは重要な仕事を任され、長年求めていた注目を浴びるのだが、何かおかしいと感じるのである。

ジャックはマージに（あるいは上司はジャックに）、こう言うかもしれない。「それ見ろ、君は本当は、変化を求めてなんかいないんだ。泣き言を言いたいだけなんだ。チャンスが与えられたら、それを台なしにしたり、おじけづいたりするじゃないか」

それは半面の真実である。しかし半面でしかない。なぜなら、変わりたくないのも真実だし、変わりたいというのも本当なのである。トランジション状況は、このパラドックスを表面化させる。すなわち、人生のあらゆる状況が、肯定的な側面と否定的な側面の両方を持っていることを、われわれに見せつけるのである。

トランジションを容易にする方法はある。まず、何かの「終わり」は、それほど明確にできるものではないということを認識することである。次に、トランジションのさまざまな局面を理解し、新たな視点からトランジションを見ることである。

また、古い生活状況と新しい生活状況の間に横たわる「どこにもない場所」を横切るという危険な移行をうまくやり遂げるために、新しい技能を磨くことも必要となる。しかし、その前提として、何かの「終わり」に際して、自分がどのような対処法をとりがちかを知っておかねばならない。

自分の「終わり」体験を振り返る

自分が何かの「終わり」に際してどう対処するかを知るには、これまでの体験を思い返してみるとよい。子どものころまで振り返ってみて、何かの「終わり」を伴うような体験がなかったか考えてみるのである。家族の死のように重大で恐ろしい体験があったかもしれないが、ほかの人からすればとるにたらない些細なこと、たとえば、両親が旅行に出かけたとか、ペットが死んだとか、友だちが引っ越したといった出来事が、つらい思い出として甦《よみがえ》ってくることもあるだろう。

こうして、自分の人生の旅をいろいろ振り返り、すべての「終わり」体験を注意深く調べていく。体に関すること、家族やほかの人々との人間関係、特定の場所やグループ、趣味や興味やスポーツに関すること、あるいは、責任、訓練、仕事に関わることもあるだろう。なかには、人に話しにくい「終わり」もあるかもしれない。

そういう体験は、表には現れなくても、ずっと心の傷として残るものである。たとえば、純潔や信頼を失ったとか、責任を問われないですむ年齢が終わったとか、宗教的信仰を失ったときなど。あなたは、そのような何かの「終わり」をどのくらい思い出せるだろうか。

このように、われわれはみな、「終わり」体験に対して、各人それぞれの反応の仕方を身につけている。このような反応に伴う内的な要素としての特有の心理状態、気分、心構えがあげられる。その気分は空気のように当たり前のものになっていて、これがその感じだと意識するのは難しいかもしれない。しかし、その感じがつかめれば、かつての「終わり」体験と、そのときに感じたことや考えたことを思い出すのに役立つものである。かつて何かが「終わり」になった時、どんな反応をしたかを思い出すにつれて、自分が今も「終わり」に際して同じ心的状態で対処していることがわかるだろう。

皮肉なことだが、より良い仕事に変わった時に、大切な人との関係が悲しい結末を迎えた時と同じような嘆きや混乱が起こっていたことに気づく人もいる。これは重要な認識である。すなわち、今経験している感情は、現在直面している「終わり」とは関係がなく、むしろ、現在の状況と過去の状況が共鳴し合って生み出されたものなのである。

トランジション状況に対する反応の仕方は、「終わり」に対処するために身につけてきたスタイルにほかならない。幼いころから育まれてきたこのスタイルは、外的な環境とそれによって引き起こされる内的な苦悩を扱う時の、あなた独自の対処法である。このようなスタイルは、幼少期の家庭状況を反映する傾向がある。というのは、トランジションに際して、家族一人ひとりが異なった役割をとることがよくあるからだ。たとえば、家族の誰かがみなの悲しみや不安を引き受け、ほかの人がその人を慰め、また別の人が家事を引き継ぐ。また、「やっかいなことに巻き込まれた」喜劇を演じる人もいるかもしれない。

どこかでほかの人のスタイルをまねたり、応用したりすることもあるだろう。映画『ボギー！　俺も男だ』の中で、ウッディ・アレンはハンフリー・ボガードの「終わり」のまねをした。彼は「あ、あ、あばよ。い、い、愛しの人」と言って、タバコに火を点け、闇夜の中を一人去って行くのである。

自分の「終わり」体験を振り返ってみて、自分の対処法についてどんなことが言えるだろう。あわてて変化のショックを否認しようとしただろうか、それとも、さして重要なことなど起こっていないかのように、落ち着いて少しずつ乗り越えようとしただろうか。終わりを迎えてあなたは能動的だったか、受動的だったか。自分から何かを終わらせたか、何かが単に終わってしまったのか。ある人たちは、幼いころから「偶然」に対する感受性を磨いている。彼らは変化が起こりそうな時に、他人が自分の思い通りに動くように、ひそかに誘導することにたけている。

このような人たちの特徴は、「終わり」に関する罪悪感のなさである。彼らはよく選択の余地がなかったとか、状況は統制できるものではなかったと言う。トランジション・セミナーの最初のクラスにも、こうした「潔白な」人が何人かいて、ほかの人をいらいらさせたものである。自分の運命を思い通りに動かせるとは誰も思っていないが、メンバーのほとんどは、そのとき経験しているトランジションに対して、自分が何らかの役割を担っていることを認識していた。

しかし、「潔白な」人はそうではなかった。とくに、最近妻に蒸発された一人の男性はそう思わなかった。「妻は何も言わずに出て行ったんです。何の予告もなくですよ。私を置き去りにしたんだ」と彼は言った。彼は自分の生き方が二人の「終わり」を招いたかもしれないという考えに憤慨した。彼は両手を広げて見せた。「この手は、汚れちゃいないんだ」

警官が来た時「僕じゃない！」と叫ぶ人のように、彼は注意を引きつけたが、みなはかえって疑った。彼はみなの言いたいことがわからなかったようである。ある女性が彼を「傷つきやすい人」と言った時、彼は侮辱されたと感じて、ついにこのクラスに来なくなった（この「終わり」も、彼にとっては避けられないものであった）。

【法則3――自分自身の「終わり」のスタイルを理解することは有益だが、誰でも心のどこかでは、人生がそのスタイルに左右されているという考えに抵抗する】

回想していくプロセスで、そうした「抵抗」が大きくなると、過去の何かの「終わり」を思い出したり、「終わり」に対して、自分特有の反応の仕方があることに気づきにくくなる。そういう時には抵抗に逆らわず、ただ回想が難しかったことを書き留め、同じ問題に対して別のアプローチをとってみればよい。

たとえば、友だちの家や街に出かけて楽しい夕べが終わった時、自分がどういう行動をとるか考えてみる。ほかの人が帰る用意をしている時に、何か新しい話題を持ち出したり、何かやろうと言い出したりする人もいるし、突然「今日は楽しかったです」と話を打ち切って表に飛び出す人もいる。転居や転職など、比較的最近起こった何かの「終わり」について考えてみるのもよい。みんなに別れの挨拶をしただろうか、それとも、別れの挨拶を避けるために予定よりも一日早く立ち去っただろうか。

誰にとっても「終わり」はやっかいなものである。したがって、あなたが独特のスタイルを持っているからといって、それが何らかの「問題」を示しているというわけではない。あわただしく帰る人も、なかなか帰らない人も、「終わり」を避けているのであり、続いていたものがやがて途絶えるのだという事実に直面するのが嫌なのである。飛び出すか居座るか、どちらのタイプになるかは、子どものころにパーティ終了体験をどう避けてきたかによってかなり決まる。

あるいは、物事には避け難い「終わり」があること、それらはいつも耐え難い苦悩をもたらすわけではなく、そのときをうまく乗り越えればあとの困難が回避できるということを学んできた人もいるだろう。そのような人は、人生を一歩ずつ歩み、古いものに別れを告げて新しいものに――それが何であろうと――、よりスムーズに移行できるだろう。

「終わり」のあとに「始まり」がある

あなたが「終わり」の扱い方をどのように身につけたにしろ、「終わり」はトランジションの第一局面である。第二局面は「喪失・空白」の時期であり、やがて納得できる生活パターンや方向性が見いだされる。そして第三局面が新たな「始まり」である。

「終わり」と「始まり」の間の空白の時期については、第6章で詳しく述べるので、ここでは「始まり」の問題に移ろう。ものごとを始めるときも、人それぞれに独特のやり方がある。何かの「終わり」のときと同じように、幼いころからの自分の過去を振り返ることで何かがつかめるだろう。自叙伝でも書いていると想像してみてほしい。「私の人生に新たな一ページを開いたのは……」というフレーズを、どこで使うだろうか。

変化や再生の時に新たな人間関係を築いてゆく人もいるし、新たな場所や事業に踏み出す人もいる。また、新たな感情や自己イメージや目標などが、最初に思い浮かぶ人もいる。慎重に意識的な努力をした結果、何かを始める人もいるが、重要な新たな「始まり」が不可解で偶発的なものに思える人も多いだろう。

これはおもしろいことである。というのは、われわれはたいてい、何かの「終わり」のあとで再び何かを始めようとするときには、「エネルギーを充填して」「慎重に計画して」いくべきだと考えているからである。あとでもう一度触れるが、そうした準備が十分できることはめったにないものだ。重要な「始まり」は、たいてい意識できない暗闇の中から起こってくる。結局、何かの「始まり」を可能にするのは、何かの「終わり」なのである。

【法則4――まず何かの「終わり」があり、次に「始まり」がある。そして、その間に重要な空白ないし休養期間が入る】

これは、自然の成りゆきである。葉が落ち、冬になり、枯れ枝からふたたび緑の葉が出てくる。人生も、もしうまくその流れに乗れば、同じような経過をたどるはずだ。とはいうものの、やはり「終わり」は恐ろしい。何かの「終わり」はわれわれがアイデンティティを築いてきた環境との結びつきを壊し、かつての心の傷や恥を思い出させるのである。

脅威が大きすぎると、われわれは「終わり―喪失―始まり」というプロセスを阻止しようとしがちである。このパターンを無理に変えようとする人もいる。「始まり」が最初で、次が何かの「終わり」で、そして……？　そんなことをしても無駄だ。いたずらにもがくのは、トランジションが理解し難く、脅威になっている証拠である。

トランジションの衝撃にも個人差がある

かつての「終わり」体験を振り返ると、これまで未知の「始まり」に備えて、どれほど用意をしてきたかがわかる。何かが終わっているのに、新たなスターティング・ポイントについていない時もけっこうあっただろう。前の旅の荷物が入ったままの鞄を持って、新たな旅に出ようとしたことがないだろうか。新たなトランジションにさしかかった今、過去の頓挫したトランジションを思い出してみよう。昔住んでいた家を探索するかのように、それらの中をじっくり調べてみよう。終わっていないトランジションのいくつかは、今の時点で完結させられるかもしれない。それができれば、現在の状況に対する不安が小さくなり、もっとエネルギーを注げるようになるだろう。

たとえば、誰かに遅ればせながら別れの挨拶をするとか、手紙を書くとか、電話をするといったことが、何かを完結させることになるかもしれない。あるいは、何年も前に別れた人のイメージ、自分自身の古いイメージ、ずっと心に残っている夢、すりきれた信念などを、心の中で放棄することが完結を意味する場合もあるだろう。ともかく、あることを完結させることができれば、荷物が軽くなって旅に出やすくなるだろう。

過去を完結させるためにできることは多いが、それを済ませたら、やはりあいまいさに満ちた現実に戻らねばならない。変化のさなかにいる時は、何が終わって次に何が起こるかは簡単には言えない。ある日、すべてがバラバラになるように思っても、次の日にはいつも通り生活していて、諸々の問題を正しく捉えているかどうかいぶかしく思う。われわれは方向を確かめようと、道標を探す。ものごとはどう変わっただろうか。その変化によって人生に何がもたらされたのだろうか。

それらを評価することが難しい理由の一つに、トランジションの衝撃は、それを引き起こした変化の表面的な重大さに、必ずしも比例しないということがある。離婚や失業で完全な行き詰まり状態に陥る人もいれば、それを難なく切り抜ける人もいる。逆に、かわいがっていたペットが死んだために、重病になって、めちゃくちゃになる人だっているのである。

こういった個人差について私により深く理解させてくれたのは、最初のトランジションのクラスにいた、ある男性だった。彼の外面的な変化は昇進したことだけだった。彼は非常に苦しんでいたが、それがなぜだか彼も分からなかった。そして、ほかのメンバーはその苦悩を軽く考えていた。彼は、昇進して仕事は順調だが、人生を破壊しかねない得体の知れない脅威を感じるというのである。われわれはカテゴリーに分けてチェックした。

収入は安定。健康状態もまずまず良好。子どもたちは優秀。順調な出世。

「悪いところなんてないんだ！」。彼はいらいらして叫んだ。ほかのメンバーは彼をスパイか何かのようにいぶかしげに見つめた。

しかし、彼の「昇進」の背後にある、彼の現実の生活状況に焦点を移していくにつれ、少しずつ異なる構図が見えてきた。

昇進は氷山の一角にすぎなかった。というのも、彼の会社は大きな再編成の時期を迎えていた。彼の所属していた部署は新設の課に移され、仲の良かったかつての上司は解雇された。彼の新しい立場では、丸ごと交替した新しい上司たちに報告書を出すことが要求されるのだが、彼は、上司が彼のことをどう考えているのかさっぱりわからなかった。彼は言った。

「上司たちが、私が難しい変化の時期を切り抜けるのをじっくりと見届けてから、私の首も切ろうとしているんじゃないかと、心配でたまらないのです」

トランジションによる思いがけない影響

新しい仕事のために、彼の家庭生活にもすぐに二つの影響が出た。一つは労働時間が延びたこと、もう一つは、給料がぐんと上がったことである。収入の急増は、彼が忌み嫌う出来事を引き起こした。質素な生活が大きく変わったのである。「私は突然ぜいたくになったのが嫌だった。だから、家内にその気持ちを説明しようとしました。でも彼女は『この暮らしをどれだけ待っていたと思うの？　もっと楽しむべきよ』と譲らないんです」。実際、家庭での言い争いは、これまでにないぐらい頻繁になった。彼は妻の浪費に反対したし、妻は夫の新しい仕事の多さに強い不満を持った。

仕事の増加によってとばっちりを受けたものは、ほかにもいた。子どもたちは今までのように、家族で何かをすることがなくなったと不平を言い、妻の実家からは家族を実家に連れてこれなくなるほど忙しく仕事をしないでほしいと言われた。最も反発を食らったのは、彼の休暇の過ごし方だった。

新しい同僚たちが彼のゴルフ好きに火をつけたのである。結局、ゴルフのために、それまで毎年続けてきたファミリー・キャンプが中断されるはめになってしまった。

「だから、昇進してすぐに、私は病気になってしまいました」。彼は弱々しく頭を振って言った。「悪いことは重なるんだな。私は変なウイルスにやられて数週間寝込むし、それから、ひどいことに、弟が死んだんだ……」。彼は次第にか細い声になり、やがて憔悴しきった感じで、そこに座り込んでしまった。

「まるでドミノ倒しだね」。メンバーの一人がつぶやいた。みなの彼を見る目が同情の色を帯びるようになった。昇進は、彼の外的な生活全般に地殻変動を引き起こし、それが彼の内的な世界の再構築を促した。この感じを、彼はうまく表現できなかった。まだ四八歳だった弟の不意の死は、彼自身の病気と結びつけられて、自分は強い男なんだという感覚を徐々に蝕んでいった。友人の解雇も同じような影響があった。友人は能力不足のためではなく、組織としての必要性から解雇されたのだが、友人をお払い箱にするそうした権力に対して、彼はどうすることもできなかったのである。

その夜のセッションの終わりに、彼は言った。「今まではこんなふうに感じたことはなかったけど、私のこれまでの人生は薄い氷が張った湖の上に築かれていたように思うんです。家族はみな、今までと同じように活動しています。家の仕事をしたり、ゴルフをしたり、遊んだり、喧嘩したり。私も長い時間仕事をしているし、うまくいっていると思います。でも、ときどき、ふと思うのです。『俺は氷の上に立ってるんじゃないのか。しかも、氷は溶け出しているぞ』『今、亀裂の入った音がしなかったか？』私は忘れようとしました。でも、頭から離れないんです。『ちくしょう！　氷が薄くなってきたぞ』」

変化をどう捉え、どう分類するか

この人は、個人的なとても深いトランジションのさなかにいた。人生の一つの区切りをつける重要な再編成の時期を迎えていたのである。表面上は良い仕事に就き、快適な家庭を営んでいるのだが、水面下の彼は懸命に人生を模索していたのである。彼は昇進を望んではいた。しかし、彼は昔の気楽な生活のほうが恋しかったのである。彼をトランジションへと押しやった変化は、おそらく誰もが「良い」と思う変化だったにもかかわらず、実際には死や災害やそのほかの「悪い」変化と同じくらい、人生の土台を壊す脅威的なものとして感じられたのである。このトランジションは、彼の人生の一部から始まったけれども、その影響は彼の世界のすべての面に及んだ。

人生における変化の波を捉えようとする人はほとんどいない。彼はそれに直面しなければならなかったのだが、そのとき、人はほんの些細な出来事が大きなインパクトを与えることを体験する。やっかいでわけのわからない苦悩の源が、トランジションのプロセスを開始させるきっかけとなった出来事であったことに気づく人もいるだろう。「終わり」の見えない「始まり」に苦しむ人もいるし、「始まり」の見えない「終わり」に苦しむ人もいる。

離婚、死、失業など、明らかな苦痛を伴う変化は気づきやすい。しかし、結婚、突然の成功、夢のマイホームへの転居などのショックは見逃されやすい。なぜなら、それらは「良い出来事」であり、困難をもたらすとは誰も思わないからである。病気の時に苦悩するのはわかるが、病気から回復することが困難をもたらすと知るのはショックである。働きすぎで疲弊してしまうのはわかるが、長期休暇がわれわれを落ち込ませる理由はわかりにくい。一つひとつは大きい出来事でもないし、深く傷つくようなことでもないのに、それらが複雑に絡み合って破局が訪れるということを、どう説明したらよいだろうか。まるでルーブ・ゴールドバーグの漫画に出てくる機械のように、一つの部品がほかの部品を動かし、最後にはどこかの片隅でがらくたとして放り出されるのだ。

たとえば、ある女性は、子どもが学校に入学したので、外で働けるようになる。それによって収入が増加する。その結果、生まれてはじめて、ぜいたくな旅行に行けるようになる。そして、まさにそのとき、夫が転職の決心をする。とても優雅な筋書きとは言えないが、人生とはこんなものである。

これから、これらの苦悩を理解する方法と、ライフサイクルのどの時期にどんな困難が多いかについての説明に入っていくが、読者の方々には、さしあたり、自分が置かれている状況について、できるだけ明確にしていただきたい。これまでの人生で、自分を変化させた出来事は何だろう？　どの領域で明らかな変化が生じただろう。それらの疑問に答えるのに役立つように、区切りが生じるいくつかの領域と、具体的な出来事の例を示しておこう。

●関係の喪失――過去の人生で誰かとの関係が切れたことがないか。配偶者の死から友だちの引っ越しまで、すべてリストアップしてみよう。離婚、子どもの自立、友人と疎遠になったこと、ペットの死、憧れのヒーローの喪失など、何かとのつながりが失われる場合である。

●家庭生活での変化――結婚、出産、配偶者の退職、家族の病気と回復、ふたたび学校に行く、家事の分担が変わる、抑うつ、家の新築や改築、家庭内の緊張の増加や減少など、家庭生活の内容や質が変化する場合である。

●個人的な変化――自分の病気と回復、大きな成功や失敗、食生活や睡眠リズムや性行動の変化、入学や卒業、ライフスタイルや外見上の大きな変化など。

●仕事や経済上の変化――解雇、退職、転職、組織内での配置転換、収入の増加と減少、ローンや抵当権の設定、昇進が困難になることなど。

●内的な変化――スピリチュアルな覚醒、社会的・政治的自覚の深まり、心理学的洞察、自己イメージや価値観の変化、新たな夢の発見や古い夢の放棄、あるいは「私は変わりつつある」という感じなど。

トランジションの過程で、人は「死と再生」を経験する

心理学者のトーマス・ホルムズ博士とリチャード・レイ博士は、これらの出来事を列挙し、それぞれの出来事が与えるショックの強さを点数化して合計するシステムをつくった。ポイントは配偶者の死の一〇〇点から、軽い法律違反の一一点までの幅がある。何十万人もの人たちがこのテストを受け、その得点と被験者の最近一、二年の健康度との関係が調査された。

結果は驚くべきものである。平均的なアメリカ人では二年間に入院する確率は二〇％だが、一五〇点以下の「平均的な」グループの人でも、三三％は二年以内に大きな健康上の変化を体験した。一五〇点から三〇〇点の間だと大病になる確率は五〇％になり、三〇〇点を越えるようなら（先ほどの昇進した男性は予想に反して、この群に入った）、二年以内に大病になる確率はなんと九〇％に跳ね上がったのである。[3]

これを見れば、昇進した男性がウイルスに感染し発病するのも、多くの人が退職後まもなく病気にかかって混乱するのも、驚くに当たらない。新婚旅行中に、しばしば風邪をひくというのも変な話であるが、それらは、トランジションが精神的、社会的な面ばかりでなく、身体的

な面でもわれわれに警鐘を鳴らすことを示しているのである。

誰の人生にもトランジションの時がある。それは、出来事の大きさではなく、質によって決定される。人生にはさまざまな出来事が起こる。それに対して反応すれば、何らかの内的変化も引き起こされる。

もちろん、すべてのトランジションが深い影響を及ぼすわけではないが、何かの「終わり」が人生の全部の章を閉じてしまうこともある。一方、何かの「始まり」が新たな章を開くこともある。われわれはあたかも、かつて部族集団が人生の予定表に従って行っていたことを、自分の計画にもとづいて個人的に進めようとしているかのようである。人生のある局面から次の局面へ移行する時、人は「死と再生」を経験するのである。

一九七六年に作家ゲイル・シーヒーの『道程』が出版されて以来、成人はどのように自然な発達をとげるか、トランジションが特徴的な時期はいつかなどについて、数多くの研究がなされてきた。トランジションを体験している人々との接触を通して、私が深く確信したのは、われわれのように価値観が多様な文化では、誰にも（あるいはある個人にさえも）ぴったり当てはまる一つの成人のモデルなどありえないということだった。

しかし、人々の生き方の中に、自分の姿が見え隠れすることはある。そして、自分の人生の指針を見いだそうとする時、彼らの人生は学ぶ価値がある。なぜなら、個人的なトランジションの時期が、個人の人生の流れの中に位置づけられなければ、「ただこれが終わってあれが始まった」ということ以上の意味は見いだせないからである。

結局、「なぜ」と問う時には、われわれはより大きな意味を求めているのである。われわれは不思議に思う。「なぜ、自分にこのようなことが起きたのか」「どうして、それが今なんだ」。われわれはまた、この問題に戻ってしまうのである。

第2章　人生はトランジションの連続である

スフィンクスの謎かけ
「声は同じなのに、朝は四本足、昼は二本足、夜は三本足の動物は何か」

エディプスの答え
「それは人間だ」

人生の発達過程としてのトランジション

このスフィンクスの謎かけは、単なるユーモアのテストではない。これは、人がこの世にどう「立脚しているか」に関する、価値ある知恵を授けてくれている。この謎かけは、人間の人生において二つの決定的なターニングポイントがあることを表している。

第一のターニングポイントは、「あなた自身の二本の足で立つ」というフレーズに象徴される、依存から分離・独立へのトランジションである。第二のターニングポイントは、「人生の午後（ユングの用語で人生の後半を意味する）」のどこかで訪れる「杖とか支え、いわゆる三本目の足を獲得する時期」である。エディプスの神話においては、それは単なる肉体的老化だけを意味するのではなく、苦痛や深い洞察、それまでの物事のすすめ方、そして自身のあり方からの離脱などを伴う、さまざまな変化の前兆である。

現代の成人発達理論からすると、この一生のイメージは単純すぎるように見えるかもしれない。たとえば、エリック・エリクソンの「アイデンティティのゆらぐ青年期」、ゲイル・シーヒーの「試行錯誤の二〇代」、ダニエル・J・レビンソンの「落ち着きのでる三〇代」などの概念を思い起こす人も少なくないだろう。最近では評判の悪い「中年の危機」という言葉もある。これら成人の発達理論は、現代でも学ぶ価値がある。

しかし、それらによって、スフィンクスの謎かけのもたらす洞察が失われるわけではない。この謎かけは、人生には、ごく自然な三つの局面があることを思い出させてくれる。さらに、このエディプスの話は一つの局面から次の局面への移行は難しく、いろいろな問題をはらんでいることを示唆している。

この章では、これらのトランジションを、人生と、その各段階で起こる発達の文脈の中で見ていくことにしよう。トランジションという概念は、人生全体に照らしてみて初めて意味を持つ。なぜならトランジションとはまさに、その中で人生が前進し、花開く場所だからである。「終わり」から「始まり」に進むというパターンは、人が変化し成長する過程を表している。

あなたが今、トランジションの苦痛に直面しているなら、このような大きな問題について考えるのは困難かもしれない。しかし、トランジションにおいて何が起こったのかということだけでなく、なぜ、いつ、どのようにして、それが起こったかを理解しようと思えば、結局はその問題に取り組まざるを得ないのである。私は船底にたまった水を汲み出すのを止めろと言ってるのではない。ちゃんと地図を見て、自らの小舟がどこに行こうとしているのかを考えてほしいのである。

スフィンクスの謎かけが示すようなトランジションのポイントは、一回の出来事や変化で簡単に切り抜けられるような、簡単なものではない。たとえば、依存から自立へのトランジションは、人が両親の世界から次第に離れていく過程と見たほうがよい。それに伴って、価値観やアイデンティティなどの内的変化が生じ、自己イメージや外見が発達していく。この過程は、家を出たとか、二一歳になったとかいうことによって、完成するわけではない。人は三〇歳になっても四〇歳になっても、さらに五〇歳になっても、自立という人生の大トランジションをやり遂げるために変化しつづけるのではないだろうか。

しかし、そのトランジションを成し遂げるよりもずっと前に、二番目の大きなトランジションの最初の兆候が出始めてくる。「まだ、老け込んでなんかいられないよ」とセミナーの参加者の一人が、冗談半分で叫んだ。「僕はまだ、自分の青年期と格闘しているんだ」。われわれはみな、彼がどう感じているかがわかった。しかし、三〇代のどこかで、新しい気象システムを予告する風向きの変化が起こるという事実は、いかんともし難い。嵐はまだ水平線の彼方ではあるが、そろそろ「人生の午前（ユングの用語で人生の前半を意味する）」の出来事から目を離して、人生の午後のほうに目を転じなくてはならない時が来たのである。

ライフサイクルについての新しい考え方

生涯発達理論のように、人生の問題はしばしばトランジションのシグナルだと主張する理論は、成人についての現代の機械論的な考え方と対立する。われわれは日々、工業製品に取り囲まれて生活しているので、どんなものでも基本的性質は機械と同じであるかのように考えてしまいがちである。つまり、人間も車と同じように、生産される時と、動く時と、解体される時という、三つの時を持つだけということになる。

このような人生の捉え方は時代遅れではあるが、うっかりその考え方に戻ってしまわないためにも、一応、その意味するところを知っておいたほうがよいだろう。この見方によれば、人間の発達は機械の生産にたとえられる。機械の生産は、まだ製品ができていない時から始まり、製品が使える状態になれば終わる。そのあとに起こる変化は故障であり、修理の必要を示すサインである。つまり、ともかく悪いところを発見するのである。このプロセスは、各部品を「正しく」組み込んでいく生産過程と本質的に同じである。

車の場合だと、まず、シャーシ（車台）から始めて、エンジンやその他の部品を組み立て、ボディをつけて、塗装をする。人間の発達も同様にイメージすることができる。この訓練をして、あの経験をさせて、あの影響を与えて、次々と組み立てていけば、二一歳で人間が完成して働く準備が整うわけである。

「発達」（本来「花開く」という意味であるが）を生涯途切れることのない連続したプロセスとして捉えようとする考え方は、工業製品を生産する世界ではまったく当てはまらない。自動車の修理工があなたの車のボンネットを開けて、「ちょっとシリンダーの横がふくらんできてるのが見えるかい。あれは二つ目のキャブレターの芽だよ」などと言うことがあるだろうか。機械にはそんなことは起こらない。フォルクスワーゲンが五歳になってボルボになることもないし、四万五〇〇〇キロ走ったらギアが五速に成長することもない。ガタガタ揺れたり音がしても、古いトランジションが完成されつつあるとか、新しいトランジションが始まっているというサインではない。それらは単純に、どこか車の調子が悪いので、修理しなければならないというサインでしかないのである。

このように、工業製品からの類推が実際の人間の自然の姿からかけ離れた誤解を生むこと、したがって、ライフサイクルについて新しい考え方が必要であることが次第に明らかになってきた。

人々がこのことに気づき始めたころ、書店には「成人の発達」に関するさまざまな本が現れた。その流れは、七〇年代初頭の中年期に関する少数の著作に始まり、ゲイル・シーヒーの『道程』によって、堰を切ったように増加した。「成人期に必ず生じる危機」という副題がつけられているこの本は、誰もが避けて通れないと知っている「変化」の中に、何らかの意味が見いだせることを明言している。

その後、シーヒーの研究に大きな影響を与えた二人がそれぞれの本を出した。精神分析家ロジャー・グールドは『変容――成人期における成長と変化』で有名になったし、レビンソンは『ライフサイクルの心理学』を出版した。それから三〇年たった今、膨大な数の団塊の世代の人々が中年期に至り、年をとることに関する多数の本が著された。これらの業績によって、かつては未知であった、第二の人生に関して、今ではかなり詳細に把握されているのだろうと思う人もいるかもしれない。

しかし、いまだに多くのことが混沌としている。実際は、アメリカの初期の地図づくりのように、ある探検家はここに川があると言い、別の探検家はいやあそこだと言い、また別の探検家はそんなところに川などないと言っているのが現状である。つまり、理論が不足しているのではなく、それぞれの理論が相当食い違っているのである。

ここに至って、スフィンクスの命題が役に立つ。人生には基本的に三つの時期があるというイメージから始めると、最近の諸理論は、三つの時期のさまざまな側面を記述していると見ることができるし、なぜ特定のトランジションの時に、その理論で言うような特定のことが起きるのかということが説明できる。

そうすると、発達上の二つの大きな転換が、生涯を通じて影響を与えていることがわかってくる。

最初の転換は、古い依存を脱して、自立した社会的存在として個人を確立することを伴っており、二つ目の転換は自立を越えてもっと複雑な、深い意味での相互関係への動きを伴っている。人生の次の段階では、これら二つの影響が混ざり合っていることが特徴である。各時期を一般的に何歳から何歳までと正確に当てはめることはできないにしても、自身の人生の中にその目安を見いだすことはできるだろう。

子ども時代の終わり

ここで、成人期が始まる直前の時点に戻ろう。児童期の終わりのターニングポイントである。われわれの文化は非常に個人主義的なので、多くの昔の文化のように種々の経験を標準化できない。しかし、「子ども時代の終わり」というフレーズから、一人ひとりが個人的な連想をすることはできるだろう。

「子ども時代の終わり」。この言葉を聞いて、あなたは何を思い出すだろう。最初の性体験、新しい町への転居、新しい興味の始まり、古い人間関係の終結など、人によってさまざまだろう。もっとあいまいな感じを思い起こす人もいる。大きな出来事でもなければ、特別な状況でもなく、たとえば、一人で学校から家に帰って来る道すがらとか、寝室の窓から外を眺めていた時に、ふいに「自分は今までと同じじゃない」「子ども時代が昨日のことのように消え去ってしまった」などといった感じが起こったという人もいる。

ほとんどすべての部族社会では、古代文明がそうであったように、このトランジション・ポイントが非常に重視されている。一つの成熟過程全体が印象的な儀式の中に凝縮されており、その儀式は青年の依存から独立への変容を象徴し、促進していく。さらに、成人式はその後の人生における変容とそれに伴う儀式を左右するものでもある。

自分自身の子どものころのトランジションを振り返ることは、価値あることである。その時点で、その後のトランジションのスタイルが決まっているかもしれない。私の場合はそうだったと思う。小学生の終わりのころ、私は、たまたまとても小さな町から中規模の都市に引っ越した。学校も、小規模なものから大規模なものに変わった。昔の友だちのほとんどは純朴な子だったし、私は彼らといると気楽だった。

しかし私は突然、着ているものに気を使い、都市生活に関する情報を知っていて、流行を追う子どもたちの中に放り込まれたのである。私はその生活に適応するために、今までのやり方を全部変えなくてはならなかった。時には、難民のような気分も味わった。たぶん、こうした経験があるので、私はトランジションといえば、ライフスタイルの転換や、物理的な移動と結びつけて考えやすいのだろう。

ジョアンナの場合

ジョアンナは、初めて開催されたセミナーに参加した当時、四〇歳を少し越えたところだった。彼女は数カ月前に夫と別れ、そのショックで身動きがとれなくなっていた。セミナーが始まっても一週間ぐらいは、ほとんど話せない状態だった。のちに語ったところによると、彼女は過去にしがみついており、独身としての新しい生活を踏み出すことを拒否していたという。おそらく、どうやり過ごしたらよいかわからない、何かきっかけを待っているような感じだったのだろう。

しかし、ある晩のセミナーで彼女は語り始めた。「今週はとても恐ろしいことが起こりました。夜に曲がりくねった道を運転していたら、カーブで対向車がやってきて、そのライトで一瞬目が見えなくなったんです。急ハンドルを切ったら、道から飛び出してしまいました」

車はひどく壊れ、彼女も外傷と打撲傷を負った。しかしどういうわけか、その時から彼女は行動を開始した。数日後に彼女はパートタイムの仕事に就き、節約するために友だちと一緒に住み始めた。そして、彼女はセミナーのメンバーに話しかけるようにもなったのである。

彼女はそれが恐ろしい体験であったことを、繰り返し話した。もうすこしで、相手のドライバーを殺してしまうところだった。

「もし相手が死んでいたらどうなったか、私にはわかるんです」。彼女は話しながら泣き始めた。「私が一三歳の時、母親が同じような事故を起こしたんです。この事故で私の人生はまったく変わってしまいました。信じられないような偶然の一致なんですが、母はある朝、私たちを車で学校まで送る時に、信号を見落として大きな交差点に突っ込んだんです。妹は重傷を負い、私自身もしばらく学校に行けませんでした」

われわれは、彼女の不幸の偶然の一致もさることながら、彼女が突然話し始めたことに驚き、呆然としていた。彼女の母親はその事故のあと、強いうつ状態になり家事ができなくなったので、ジョアンナが料理や掃除をせざるを得なくなった。「その事故のせいで、私は子ども時代から強制的に追い出されたんです」と彼女は言った。

ジョアンナは別の章の幕引きのために、このような恐ろしい事故を再演してしまったのだろうか。あるいは、適切な出来事が起こらなければ、彼女に必要な「終わり」は実現されないのだろうか。それらの疑問には簡単には答えられないし、どちらが正しいとも言えないだろう。

いずれにしてもジョアンナも私も（あなたもたぶん、そうだと思うが）、子ども時代の終わりのころに記念すべきトランジションの体験をしていて、その経験はわれわれの意識に、その後の人生におけるトランジションのモデルとして焼きついていた。われわれは定式化された通過儀礼や教えを受けていないので、その経験の基本型や諸要素がその後の人生で再現されたとしても、驚くに当たらないだろう。

新しいトランジションに入るたびに、古いアイデンティティの問題が再浮上する

子ども時代の終わりは、「人生の午前」（依存）から「人生の正午」（自立）への転換の一部である。この転換後の局面では、もはや「～ちゃん」という子どもではない、独立したアイデンティティの確立が含まれている。伝統的社会においては、新しいアイデンティティは社会的地位とか血統によって規定される部分もあるが、通過儀礼の過程で見いだされることもある。その際は、守護霊や先祖やグル（精神的指導者）が、その人に新しい名前や新しい運命を授けるのである。現代では、そうした古い様式は大きく崩れ去り、人々は、アイデンティティは青年時代に形成されるという考えに戻ってしまったようだ。

心理学者のエリクソンは、青年期にアイデンティティがどのように形成されるかを説明している。青年期になると、人はさまざまな役割を試してみたり、いろいろな種類の人間関係を持ってみたりする。[1] 娘、優秀な選手、普通の学生、ガールフレンド、女優、シスター、ベビーシッター、仲良し、はにかみ屋、理想主義的道徳家、夢見る乙女……、これらさまざまなアイデンティティの詰まったかぐわしい壷から、ある一貫性のある自己の感覚が取り出されねばならない。エリクソンは、これが青年期になすべき仕事であり、人生のこの局面での「発達課題」であると述べている。

人生の各局面にはそのような課題があり、それを十分に達成できない場合には、やり残した

仕事を抱えたまま、次の局面へのトランジションをしなければならなくなる。しかし、われわれのほとんどは、アイデンティティの課題を青年期に完全にやり遂げることはない。したがって、われわれが新しいトランジションに入るたびに、古いアイデンティティの問題のいくつかが再浮上してくるのである。

セミナーのメンバーの女性がこう言った。「私、また一六歳になったみたい。離婚したら、この六年間持ちつづけたアイデンティティは消えちゃった。今は、いろんな生き方や、役割や、パーソナリティを試してるの。ティーンエイジャーのころみたいに」。このことは彼女にとって、心をかき乱す経験だった。しかし、トランジションが過去のアイデンティティの危機をどんなふうに活性化するかをお互いに話し合う中で、彼女はいったんその体験を自然に受容できれば、それを楽しむことさえできるということを発見した。

部族集団のメンバーなら子どもから大人へ直ちに移行するが、現代ではそうはいかない。われわれはむしろ、何年もかけてゆっくりと依存性から脱却していく。子どもたちは親の買ってきた食べ物を食べ、彼らの家に住み、困った時には彼らに助けを求める。しかし、これらのことが次第に変化してゆき、やがて、一人立ちする日がくるのである。

多くの人にとって、次の重要なトランジション・ポイントは、家を離れるときや自分一人で買い物に行くときである。「自分でやる」。この言葉から、どんな思い出や感情が湧いてくるだろうか。友だちとアパートを借りて、そこに引っ越したことや、最初に就職したことを思い出す人もいるだろう。だんだん変化していったという人もいるだろう。たとえば、下宿して大学に通った（しかし、経済的には親に依存していた）時期や、アルバイトを始めた（ただし、親から大学院の学資を借りていた）時期があって、やがてついに卒業して就職し、親に借金を返すことができるようになったというふうに。

なかには、自立を考えると悲しくなる人もいる。最初のセミナーに参加した一人の女性が言った。「私は本当にそのトランジションをやりとげたとは思えません。私は今五〇歳で、子どもたちも家を出ています。ここにきてはじめて、『自分自身である』ということを考えてみたのですが、私は家を出てすぐに結婚したので、依存する相手を変えただけのような気がするのです」

このように、人々の体験はそれぞれ大きく異なる。チャールズ・ディケンズは一〇歳になるかならないかのころすでに、ロンドンの靴墨工場で働き、近くのスラム街で才覚を働かせて生活を始めている。トランジションは完璧に行われたように見える。しかしディケンズは、この早すぎる自立が生んだ不安定さを、一生抱えねばならなかった。

逆の極端な例をあげよう。私の知っている七〇歳の男性は両親と同居して、九五歳の父親の家業を手伝っている。彼には不安定さはない。ただしそれは、子どものころから慣れ親しんだ狭い世界の中だけにとどまり、大人同士の関係や真に自立した職業人としての生活などの、未知の経験を排除していく限りにおいてである。もちろん、これらは極端なケースであるが、ほとんどの人が自立へのトランジションの痕跡が今も残っているのを見いだすだろう。

居場所探し

依存的な子どもから自立した大人への変容が進むと、次に何が起こるだろう。両親の軌道から離れる時の最初の興奮やパニックが鎮まり始めると、新たな問題が起こってくる。何かから離れることから、何かを見つけそれに合わせていくということに重点が移行していくのである。

これはダニエル・Ｊ・レビンソンが「大人の世界への参入」[2]と呼んだものである。エリクソンはこの時期の主要な発達課題は、新たな強い人間関係を徐々に深めることであり、親密な絆を形成する能力を開発することだとしている。広い意味で、この時期には「居場所探し」をするのだと言ってよいだろう。このトランジションの過程で、多くの人は、いろいろな状況に実験的に関与していく。

この移行をすばやく済ませてしまう人もいる。たとえば短期間に、就職し、結婚し、子どもを持つ。彼らは居場所を見つけるのが早く、ほとんど実験することもなく長期間にわたる関係の中に入っていく。また一方で、なかなか決断できない人もいる。彼らは人間関係や仕事や居住環境を試しては、すぐに変えてしまう。学校を出てしばらく働いたあと、あちこち旅行だけをして、ふたたび学校に戻る人もいる。

あるタイプの人たちにとって、居場所探しは数多くのトランジションを含み、一〇年以上にわたる。別のタイプでは、トランジションは、結婚生活や新たな職業にひとっ飛びで入るような圧縮した形になる。私がこのような対比をしたのは、どちらのタイプがより望ましいかを言うためではない。つまり、個々人の経験は異なっていても、これらは結局、子ども時代に別れを告げるような遠心性の運動から、世界に自分の居場所を見つけるような求心性の運動に変換するという、同じ基本的なトランジションを反映しているということなのである。

実際、正しいやり方なんてないし、どのやり方もそれなりの努力がいるし、またそれなりの収穫もあるものだ。早々と居場所を決めた人は、ほかの選択を試せなかったと後悔するかもしれない。一方、実験ばかり繰り返している人は、うまく落ち着ける時があったのに、長く待ちすぎて、そのチャンスを見逃したのではないかと心配になるかもしれない。どちらのグループの人も三〇歳近くになると、このような考えが起こってきやすいようである。

レビンソンはこれを「三〇歳のトランジション」と呼び、グールドは自分自身についての現実的認識が育ってくることを強調して、「自己の内面が見えるようになる」時期と呼んだ。[3] どちらの場合も、三〇歳前後を、ものごとを考え直す時期として捉えているようである。

これは、人生における中心的なトランジション・ポイントになるだろう。何をするにしても、始める前は不確かなところがあるものだ。

最初のセミナーのメンバーの約三分の一は、三〇歳から三三歳の人であった。彼らは最初、同世代が集まったことに驚いていた。ただし、彼らの問題はそれぞれに異なっていた。アンは離婚しようとしていたし、モルトはとうとう定職に就くことにしたと言っていた。はじめて意味のある仕事に巡り会ったという人もいたし、いままで一生懸命やってきた良い仕事を捨てて、新しい仕事を始める人もいた。三四歳のサリーは、何歳までなら子どもを産んでもそれほど危険でないか、そしてまず、本当に自分は子どもが欲しいのかどうかを考え始めていた。パットは前夫に子どもの養育をすべて任せる準備がほぼできたため、結婚した時に辞めた仕事をふたたび始めることができた。

このように、トランジションの形態は人それぞれである。しかし、深層では、どのトランジションもその始まりにおいては、それまでの役割や人間関係が、窮屈で締めつける感じになってくる。

三〇代――自立してはじめてのトランジション

「こんなにつまらない仕事に、どうして就く気になったか思い出せない」。トッドはある晩のセミナーで吐き捨てるように言った。「僕は人と違う何かをやり遂げようと、大学院に行ったんだ。だけど、今やってる仕事と言えば、高校生でもできるような書類作成を一日中やっているだけなんだ。それに、職場の人ときたら！　僕が誰かも知らないし、誰でもいいと思っているんだ！」

ジャニンは困ったような表情をして聞いていた。「そんなふうに思ってたなんて、すごく意外だわ。あなたって、とても落ち着いて安定しているみたいで、セミナーが始まったときから、私はあなたをうらやましく思っていたのよ。私はまったく落ち着かない人なの。私の大いなる探索はいつ終わるんでしょう。二年と同じところにいないで転々として、やがて猫と一緒に暮らすおばあさんになるのかしら。隣の家の人とうまくやっていけそうもないけれど、そろそろ自分の持ち家が欲しいとも思う。家に帰ると、いつも貯金を数えているのよ。もう、探検や冒険はうんざりだわ」

三〇代になって人生を考え直すというのは、つらい体験になることがある。この時期に人は、しばしば自立してからはじめてのトランジションを迎える。自分の将来が本当に心配になるのである。それは、孤独な時でもある。というのは、それまで個人的な問題について相談していたまさにその相手が、人生について考え直しているからだ。そのうえ、もしうまくやってさえいたら、二五歳までには何事も見事に完成していたはずだという昔からの歪んだ考えが起こって、悩みはますます深くなっていく。

この三〇歳前後のトランジションの問題を、七五年も前に最初に取りあげたのは、ウィーンの心理学者シャーロット・ビューラーである。彼女は何百人もの自叙伝を分析し、両親への物理的依存は通常一〇代後半で終わるにもかかわらず、両親との永続的な関わり方がうまくできるようになるのは、通常三〇歳くらいになってからであることを見いだした。その間は、形の上では「大人」の役割と関係をとるのだが、内実は、その後の長い成人期における課題を達成するために「訓練生」をやっているようなものである。[4]

レビンソンも現代人の人生について、同様の研究結果を提出している。彼は二二歳から三三歳までを成人の「新米期間」と呼んだ。おそらく、われわれは三歳よりも三〇歳を、より重要な人生の最初の分水嶺と考えたほうがいいのではないだろうか。もっと言えば、子ども時代の終わり、独立、居場所の探索、考え直しなどは、依存から自立に変容する過程で起こる一連の時期であり、トランジションによってその大きな発達課題が達成されるのである。

この新米期間を通じて、種々のトランジションは、そのプロセスの中にいる人たちに特別なつらさや不安を与える。彼らは、そうしたトランジションによって、かつて依存していた時点に逆戻りさせられるような恐怖を覚える。新しい街に引っ越したり、新しい仕事に就いたり、短い関係を解消したりといった、ほんの些細な出来事でも、彼らにとっては、自分を過去に引き戻すようなものに感じられるのである。

会社員から教師になった三〇歳の男性は言った。「はじめからやり直しです。私はレースで最初の一時間、スタートしなかったような感じです。とにかく追いつくために必死で走るしかないと思います」「あなたは、そんなことがやり直しだと言うのですか」。一八歳で結婚して、今は別居中の二八歳の男性が低い声で言った。「私はね、一〇代に戻ったみたいな感じですよ。汚れ物を持って帰って、また母親に洗濯をしてもらわなくちゃならないんですから」

なぜそういう気持ちになるかを理解し、そういう感情が起こるのも自然なことだとわかることは重要である。地に足がついていない感じがするとか、振り出しに戻っているという感じがするからといって、それは失敗したとか一〇年間無駄に過ごしたということを意味しているわけではない。それは、人生に自然に組み込まれた、適応と人間関係の再調整の時期の一つが訪れたというサインにすぎない。それは成人の新米期間を終える時期であり、しばしば、長期にわたる人間関係を形成する時なのである。

今では、社会のルールも理解しているし、できることと、できないことも悟り始めている。もはや、ワインを注文するときに運転免許証を見せてくれとは言われない。良きにつけ悪しきにつけ、文句なしの大人である。そして、問題はこれから何をするのかということなのである。

次の一〇年を決めるトランジション・ポイント

考え直すことによってさらに進んでいく、このトランジションをどう扱うかが、その後の人生の方向を決めることがある。変化への内的衝動を抑圧する人たちは、このトランジションによってもたらされた成長の機会に背を向け、それを安定しているはずの人生の中に生じた一時的・偶発的な混乱として処理してしまう。ほかの人が経験しているような内的な再方向づけや時間のかかる変換を回避することによって、彼らは短期的には得をするように見える。しかし長期的にみれば、彼らは損をするとも言える。彼らは、郊外の持ち家で快適に暮らし、会社のイエスマンになって、一日の終わりにはそこに帰ってくるのである。

しかし、多くの人にとってこの考え直しの時は、個人の進むべき方向の感覚をそれまでにないほど明確に与えてくれるし、もっと具体的な目標や計画さえ与えてくれる。三〇歳代は、レビンソンが言うところの「部族仲間」（個人にとって特別に重要な意味を持つ社会的グループ）に、新たにあるいはふたたび関わりを持つ時なのかもしれない。この「部族」は、公的組織、職業集団、地域共同体、民族共同体、男性だけのグループ、女性だけのグループ、労働者階級、あるいはもっと広く「人々の集い」といったものまで、人によってさまざまである。

レビンソンは男性についてしか書いていないが、彼の記述は男女どちらにも当てはまる。彼は「三〇歳のトランジション」について述べたあとで、こう書いている。

人が自分で納得できる意味での一人前の大人として部族に加入する時とは、自分を活かせる場所を見つけ、より強くコミットし責任を持って社会とつながり、家族を養い、仕事をし、その部族の存続と幸福のために相応の働きをする時なのである。……（その人の特別な「部族」が何であれ）、そこに腰を落ち着けている間は、人はその社会の一部に強力に結びつき、その社会の要求に応え、その社会が与える保証や報酬を手に入れるのである。[5]

ここで「落ち着くこと」は、新米期間でふらふらしている人にとっては、重大なトランジションを意味するだろう。しかし、昔からの関係を保ち、元からの仕事をしている人にとっては、それは単に軽い方向修正であったり、人間関係を再評価して更新することを意味するかもしれない。私が今まで一緒に仕事をしてきた人々を見ると、この時期に自分の能力や要求に合うように、慎重に環境を調整してきた人は、長期間持続する関係が持てるようになるけれども、あまり変化することなく自分のやり方を貫いていく人は、四〇歳前後になってかなり苦労することになるようだ。

いずれにせよ、このトランジション・ポイントは、人生の真ん中に当たる次の一〇年を大体決めてしまうようである。

「中年の危機」をどう捉えるか

さらにこの次のトランジション・ポイントを強調し、それを生涯の発達過程の中央に位置づけることが最近まで流行していた。この説によると、四〇歳前後に、空が曇り、海は荒れ、乗組員たちが心配そうに救命ボートを見るような時期が来る。船という船は嵐に突っこみ、悪名高き「中年の危機」を乗りきろうと懸命になるのである（お好みなら『疾風怒涛』の音楽を！）。

私も以前はこの理論に賛同していた。というのは、私は四〇歳を越えようとしていたし、最初のトランジションのセミナーを考えるきっかけとなる変化のただ中にいたからである。私は「成人の発達」の意味を探ろうとした。しかし、それから三〇年がたち、今では違う見方をしている。

重要なことは、一生の間に危機的な時期がきまって何回かあるのではなく、むしろ成人期には、勢いがある時と衰える時、変化の時と安定の時を繰り返すリズムがあるということである。人間の一生はほかの自然と同様、ほとんど観察しがたいほどの変化がゆっくりと蓄積され、それから、ある日突然に巣立ったり、氷が融けたり、葉が落ちるというようなはっきりした現象が現われるのである。私たちが理解しなければならないのは、中年のトランジションと呼ばれる現象ではなく、むしろそのトランジション・プロセスそのものなのである。

忘れてはならない二つ目の事実は、誰もが四〇歳で人生が停滞したり頂点に達したりするわけではないということである。むしろ、多くの人は三〇歳代のはじめのころから安定期と変容期が交代で訪れることに気づく。中年の危機は、新米期間のあとで最初に訪れるトランジションであり、多くの人にとってはかなり大きな変動である。しかし、その時期は四〇歳前後とは限らない。

トムはトランジションのセミナーで、いつもそのことに気づかせてくれた。「私の中年の危機は五五歳の時でした」「私は少しゆっくりしていたようです」。彼は椅子の背にもたれながら言った。「しかし、それがやってきた時には、私はやるしかないと思いましたよ」。彼は一昨年までやっていた家具屋を突然処分して、起こりつつあることをできるだけ「意識化する」ようになったという。

中年のトランジションを、このような特定の対処を必要とする時期としてだけ抽出することは誤りである。その理由の一つは、トランジションが新たな要素だけで生じるのではなく、古い要素と新しい要素がともに作用して生じるからである。ものごとには両面がある。前途洋々なのに意味が見いだせなかったり、子どもが成人した時には親が老いていたり、四〇歳が「始まり」であると同時に「終わり」であったりするのである。

「鏡が教えてくれるわ」とセミナーの最終日の夜にベティが言った。「私は一〇歳若いつもりでいたの。でもある日、鏡を見て言ったわ。『あなたはどこから来たの？　ベティに何が起こったの？　ここに住んでいた若いベティはどこに行ってしまったの』って」

職場の中でも、四〇歳になった自分と若い人々との間に大きなギャップがあることに気づくことがあるかもしれない。それはまるで、見えない境界線が知らない間に引かれていて、いつのまにか自分のいるところが外国になっているようなものである。若者も高齢者も職場の中に居場所を持っているのに、中年は所属感を失うのである。

中年を迎えた人々の多くが、それまで持ってきた希望や計画を考え直さなくてはならないのは偶然ではない。この時期にはオスカー・ワイルドの憂鬱なウィットがぴったりくる。「神が私たちを苦しめる二つの方法がある。第一は私たちの夢をくじくことであり、第二は夢を与えることである」

人は夢を実現した時、奇妙な感慨にとらわれる。「これがそうなのか？　今まで何とか達成しようと頑張ってきたのはこのためなのか？」。一方、夢が実現できない時には（中年になって、それが明らかになることが多いのだが）、人は実存心理学者のジェームズ・ブーゲンタールのいう「諦念」に直面せざるを得ない。つまり、「社長にはなれないだろう……子どもは持てないだろう……大作家にはなれないだろう……有名にはなれないだろう……」などという諦めが生まれるのである。この時期に、多くの人々は自分が見果てぬ夢を追いつづけてきたのだということを認識する。

夢がかなわないとわかることは、多少なりともいまいましいものだ。しかし、それが新しい活動への門を開き、かつての夢を追っていては達成不可能だったような新たな業績に導くこともある。夢を追いつづけたために生じた葛藤や混乱から解き放たれ、澄みきった水の中で自己や仕事について考え直すことによって、多くの人は真になすべきことやあるべき姿を見いだすのである。

ガンジーは五〇歳で非暴力抵抗の使命に目覚めた。『ドン・キホーテ』の著者セルバンテスが作家生活を始めたのはもっと年をとってからである。ルー・アンドレアス・サロメが精神分析家になったのは六〇代に入ってからだった。ケンタッキーフライドチキンの創業者カーネル・サンダースのことはご存じだろう。七〇歳代から画家になったグランマ・モーゼズもまた、年配になってから成功している。[6]

「林住期」が意味するもの

中年期やそれ以降の生き方を教える本が何冊かある。そこには、いつどんなことをすべきかが書いてあるのだが、五〇歳や七〇歳になった時にそれを読むと、彼らがすべきと言ったことをしていなくて、自分はだめだと感じさせられることが多い。私はそういった考え方はおかしいと思う。典型的な段階を一般論で説明するやり方は、中年期に入ると通用しなくなるのである。それよりも、個々別々に独立した人生を築くことが課題であり、段階は順番があるという程度の意味しか持たない。

ある生活スタイルを手放し、人や物と新たな関係を構築していく過程は、一定の経過をとるわけではない。人は変化を感じる。しかし、それは、季節の変化を感じるようなもので、秋の嵐と同様、何日に何が起こるというような明確なパターンが存在するわけではないのだ。

この時期のトランジションは、その個人が主導権をとるというよりも、子どもが家を離れるとか結婚するというような、ほかの家族の行動によって引き起こされることが多いようである。年をとるにつれて、同時代の人々の病気や死を経験し、そのことが思いもよらないような、望んでいなかったトランジションを引き起こすこともあるだろう。しかし、どんなトランジションも、新たな成長や活動の素地を整えるための、一つの「終わり」なのである。

人生において、二番目の大きな変容の時をむかえ、スフィンクスのイメージで言えば杖をつくような状態になっていく時には、自分自身への期待が重要になる。そのころには、自身の内部に、文化と家族の歴史が形成してきたものが、豊かに蓄積されているだろう。

東洋では、老人は人生の頂点に立つ存在として、大きな影響力と深い知恵を持つ者として、崇められた。古代ヒンドゥー教が描く人生観には、孫が誕生するころに重要なトランジション・ポイントがある。それ以前の「家住期」では、人は世帯主として社会や家庭や仕事において自己の能力を発揮し、個人的成長を続ける。しかし、やがて変化の時が訪れ、人は「林住期」という名が示す、次の段階に入るのである（第３章でも詳しく触れる）。

西洋人には、これを的確に指し示す名称や概念はないが、宗教歴史学者ヒューストン・スミスはこの時期の重要なトランジションについて、次のような叙述をしている。

> その人にとっての本当の大人の教育が始まり、自分が誰で、自分の人生は何なのかを見いだす時が来たのである。これだけ長い間つきあってきて、いまだによくわからない「私」という人間の秘密とは何なのか。目に見える世界の背後に潜み、世界を動かし、秩序づけているのは何者か。また、その目的は何なのか？[7]

「林住期」というヒンドゥー教の言葉が示すように、そこに入るトランジション期には、人は社会的活動に背を向け、思索と研鑽の時を過ごすために、ひとりで森に入っていくのである。

この、人生の後半で起こる転換は重要である。なぜならそれは、退職のような単に何かからのトランジションというよりも、何かへのトランジションだからだ。このトランジションは、認めようと認めまいと、多くのアメリカ人によく見られる内的な変化と対応している。つまり、単純な成功への興味が薄れてくるとともに、これまでしてきたことへの意義や意味について関心が高まるのだ。

トランジション・セミナーのメンバーの一人はこう言った。「私は早期退職しました。レジャーのためではありません。浜辺に座ったり、庭でゴルフのパターを練習したりする気はありません。私は時間を……そう、考えるために使いたかったのです。ちょっと変かもしれませんね。学者でも何でもないんですよ。むしろセールスに忙しくて、本なんて読めなかったのです。でも今なぜかわからないけど、じっくり考える時間が欲しいんです」。年配のメンバーの何人かがうなずいた。

このような転換は、スイスの精神科医ユングのもとを訪れる中高年の患者によく見られた。ユングは、このような患者の典型例を記述している。

彼にとってもちろん、社会的な有用性は望ましいものではあるが、もはや目的ではなかった。自分の創造的活動が社会的にそれほど重要ではないことを、彼は十分に知っていた。しかし、彼はそれを自分が成長するための手段とみなしていたのである。[8]

この時点での発達過程は成熟と似ているようである。もちろん、そこには外的に目立った変化は――外的な業績に対する関心の低下を除いては――ない。

人生の午後のトランジションは、午前のトランジションに比べると謎めいていて、単なる肉体的老化の結果として、一般に見過ごされる傾向がある。しかし、その過程では人生の午前よりも深淵なことが実際に進行しているのであり、しかもそれは、人生前半の社会的役割や人間関係の発達のように、ある目的をもったものである。人生の前半を動機づけていた「何かを達成すること」への関心は失われ、それに代わって心理的・精神的な事柄への関心が高まってくるのだ。

オデュッセウスの帰還の旅

人生の午前から午後への転換、すなわち二本足から三本足への変化を描写した有名な神話がある。それはトロイ戦争のギリシャの英雄オデュッセウスの神話である。彼はほかの多くの戦士たちよりは年上の中年戦士で、イタカ島に妻と成人間近の息子を残していた。彼の物語には、トロイ陥落後、三週間のはずの帰還の旅が、不思議なことに一〇年間になってしまったと書かれている。これは深いレベルでは、別の意味での旅を暗示している。つまり、これは単なる旅行ではなく、この世界での仕事を十分に成し遂げたあとにはじめて可能になるような、個人的変容の旅なのである。

このオデュッセウスの物語では帰還のプロセスに関して印象的に書かれているので、少し詳細に検討してみよう。

物語は困難な状況から始まる。オデュッセウスが誰にでも話す物語の中に、トロイでの大勝利の直後の、予想外の惨めな敗退の話がある。オデュッセウスと一二隻の船に乗った兵隊は、イスマロスの村に船を着けた。彼らは少しばかりの金品と帰路に飲むワインが欲しかったのだ。トロイ平原をあとにした勇敢な勝利者には、イスマロスを落とすことなど朝飯前のように見えた。しかし、その考えは甘かった。兵隊たちは長居をしすぎ、酒を飲みすぎた。隣村の部族が丘の向こうから馬でやってきて、彼らを急襲した。勇猛な戦士たちはやっつけられ傷ついて、ほうほうの体で船に戻ったのだった。

何が起こったのだろう。何が悪かったのだろうか。オデュッセウスは数々の偉業で有名だったが、このときは失敗してしまった。イスマロスの出来事は、オデュッセウスの物語全体のトーンを決定している。オデュッセウスは、その物語のいたるところで、人生の不思議な綾を体験する。かつては彼を助けたものすべてが、彼の行く手を妨害するのである。われわれの多くがそうであるように、オデュッセウスもまた、学ぶのが遅い。いや、彼は「学んだことを捨てるべき人（unlearner）」かもしれない。おわかりのように、彼にとって最も困難な課題は、彼を中年期に導き名声を与えた若いころのやり方を捨てるということなのだ。

オデュッセウスが、スキュラとカリブディス（ギリシア神話に登場する怪物でイタリア半島とシチリア島の間のメッシーナ海峡に住む）の間を安全に航行しようとしたことについて考えてみよう。この立ちはだかる怪物と渦巻のイメージは、西洋人にとって、人生のぎりぎりの選択をうまく現している。魔女のキルケは、彼がもし危険に逆らわなければ海峡を通り抜けられると教えたが、オデュッセウスは「自分はオデュッセウスだ、今まで戦いから逃げたことはない」と反駁《はんばく》した。キルケは「無謀な男ね。まだ戦争を続けて苦労したいの？　不死身の神々に従わないの？」と諭した。しかし、彼は海峡にたどり着いた時、こう叫んだ。「キルケは一切武装するなと言ったが、そんな命令なんか聞くものか。俺は二本の名剣を持って、船のへさきに立つのだ」。その小男は脆い船のデッキに立ちヒーローを演じたが、それは彼のヒロイズムが終わる時だったのである。

重要な異性の力

ここで重要なのは（ほかの叙事詩にも言えることだが）、オデュッセウスへの援助や知恵が女性からもたらされたということである。『イリアス』では登場人物はすべて男性だったが、『オデュッセイア』においては、道を見つけるために英雄が、異性の知恵に頼らざるを得なかった。帰路の大旅行が、彼の女性的な半面である妻ペネロペへの旅であることは言うまでもないだろう。象徴的に言えば、彼は自分自身の女性性にたどり着くために帰郷するのである。かわいそうなペネロペ。彼女は多くの求婚者がやってきて、家の中の物を飲み食いしている間、服を編んだりほどいたりしていた。もしこれが彼女の物語であれば、かなり違った展開になっただろう。四〇歳になった彼女は、寒々とした古いあの宮殿での暮らしや、自分が求婚者の一人とその地を離れた可能性などについて、誰彼となく話しただろう。彼女もオデュッセウスと同じように自分自身の探検をしただろうし、良い異性の指導者から多くのことを学んだだろう。

人生の後半での帰郷という課題において、異性の力に巡り会うという点は、人生の前半との相違を象徴的に示している。ユングも同様の点を強調し、次のように書いている。

私たちは顕在化している男性性や女性性を、潜在的に蓄積された性質と比較できるかもしれない。人生の前半においては、両者の使われ方は均等ではない。男性は男性的な性質を大量に消費し、女性的性質は少ししか使わない。しかし、人生の後半に至れば女性性を使わなくてはならない。一方、女性は、それまであまり使っていない男性的性質を活性化することが可能となるのである。[9]

オデュッセウスは（私たちもそうだが）、帰還の旅の途中で、文字通り地獄を通過する。彼は、若き神話的英雄たちが地下の旅をしたのとは違う気持ちで旅をする。彼の旅は手柄をあげるためでもないし、勇気を試すものでもない。オデュッセウスの旅は帰還のためにやむを得ず、おそるおそる地獄に入るというものだ。われわれはみな、人生を完成させるためには何を学ぶべきかを知るために地獄をくぐり抜けるのである。

地獄へ赴くときまでに、オデュッセウスは、崩れかけていたプライドをますます喪失していた。この帰還の旅は絶え間ない消耗のプロセスで特徴づけられる。最初一二隻あった船は、次々に破壊されて六隻、三隻と減っていき、ついに一隻だけになってしまった。彼は残された数人の男たちと、それに乗らなければならなかった。そして最後には、彼はひとりぼっちになり、ボートはカリブディスの大渦に呑み込まれ、バラバラになってしまったのである。比喩的にみれば、彼はそれまで信頼していたさまざまな支えをはぎ取られたわけだ。その喪失は悲しいものだったが、同時に、自分は本当は何者かについて、まったく新しい感覚を彼に与える契機にもなり得たのである。

このような衰退を味わうことによって、オデュッセウスは、戦場での抜け目のなさや攻撃性とは違う一種の勇気があることを知った。その勇気がはっきり示されたのは、船が渦に巻き込まれた時だった。船がバラバラになった瞬間、彼は手をのばして水に浮いたいちじくの枝をつかんだ。何がなんだかわからないまま、今までとは違う新たな勇敢さで耐えつづけていると、突然、渦が船からもぎ取った竜骨（船底部の軸となる部材）とマストを吐き出した。彼はいちじくを離すが思うようにならない竜骨と櫂を海に流してしまう。最初は艦隊を率いていた英雄は、いまや丸太にまたがった子どものような状態になったのである。

このように、持っているものを次々にはぎ取られていくプロセスは、以前オデュッセウスが巨人ポリュペモスに遭遇した時にも生じている。ポリュペモスは洞窟に帰ってきて、オデュッセウスとその兵士たちが自分の住みかに入り込んでいるのを見つけて驚く。彼は入口を巨大な岩で塞ぎ、兵士たちを閉じ込めて、一食に二人ずつ食べていった。しかし、オデュッセウスと幾人かの兵士は機転をきかして、辛うじて逃げ出したのである。

人生後半の特別な時期とは

ポリュペモスは彼らが逃げるのを見て、近くの巨人たちに手助けを求め、「ウーティス（Oudeis）が逃げたぞー」と叫んだ。「ウーティス」はオデュッセウスが巨人に名乗った名前だが、ギリシャ語で「誰でもない人（nobody）」という意味である。したがって、ポリュペモスは「誰も自分を傷つけてないぞ」「誰も逃げてないぞ」と叫んだことになり、ほかの巨人たちはただ頭を振って、友人のポリュペモスがどこかおかしいのではないかと思ったのである。

ギリシャの英雄たちの中で、オデュッセウスのしたことは尋常ではない。彼は、アイデンティティを捨てたのである。アイデンティティは名声であり、名声は力である。偉大な英雄たちは、敵を威嚇するだけで戦いに勝つこともある。「私はヘラクレスだ」「アキレスだ」「偉大なテセウスだ」と言い放てばよいのである。

しかし、「私は誰でもない」と宣言し、新たなノン・アイデンティティから力を得るというのも意味深いことだ。役割や地位への信頼が「あなた自身の二本の足で立つ」、中年期の自然な特徴だとすれば、このノン・アイデンティティは次の発達段階の特徴だと言ってよいだろう（この最初の戦いでオデュッセウスに立ち向かった巨人が、ポリュペモスという名前だったのも偶然ではない。それはギリシャ語で「有名な」という意味なのである）。

オデュッセウスは、その人格発達において、それまで外の世界に向けていた力を彼自身に引き戻し始めなくてはならない時期に来ていたのである。それは、英雄が竜殺しを止めて、竜殺しをする者を殺し始めるポイントである。

長い帰還の旅を通じて、オデュッセウスは次々と難題に直面させられた。それら一つひとつは、人生後半期において意味のあるものである。そこには船人を惑わすセイレーンの歌もある。それは、人々を惑わせるすべてのものが、その仮面の下に自己破壊を潜ませていることを象徴的に示している。旅していることや目的地を忘れさせるものを象徴する、「蓮の実」もある。海の女神カリプソはオデュッセウスを愛し、「私と一緒にいれば年をとることはないのよ」と約束する。このファンタジーに取り込まれると、トランジションの進行を止めることができるので、これは最も魅力的で幻惑的な約束の表象だと言えるだろう。オデュッセウスは、それまで戦争を通して闘ってきたように、もろもろの誘惑を闘い抜いたのである。

イタケに帰り着いてなお、オデュッセウスは苦難をすべて乗り越えたわけではなかった。家の中はめちゃくちゃだった。ライバルの王子たちが彼の宮殿を占領し、彼の財産を食いものにし、彼の正当な権利も奪っていた。神話的レベルで言えば、これらの不法侵入者は、意識にスキができるたびに襲ってくる内的な帰還を妨げる心理的な混乱や苦悩に対応している。長旅からやっと故郷にたどり着き、内なる自己の王国を立て直そうとする時には、母港に誰ひとり出迎える者がいないだけでなく、自分の正当な地位を戦って取り返さなくてはならないのである。

結局、人生後半の帰還の旅は、三つの要求を突きつけてくる。すなわち、第一に、人生の前半を通じてとってきた世界を支配するスタイルをすべて放棄すること。第二に、成長の旅を放棄したいという自らの願望に抵抗し、魅力的な場所に永久に留まらせようとする誘いを振り切ること。そして第三に、内なる「故郷」を取り戻すには相当の努力が必要だと認識することである。

物語『オデュッセイア』は、われわれの多くが学んだ見解――三〇歳から六〇歳までは状態が一定しており、仕事についてから退職するまでは大きな変化はないという見解――に重要な変更を迫る。同様の教訓は、四〇歳以降はそれまでの人生の再演であるという不文律を破った人々からも得られる。

たとえば、ヨシュア・スロカムは五一歳を越えてから単独で世界一周の航海に乗り出し、三年後に目的を達成して帰還した。作曲家ヘンデルは、五七歳の時、多額の負債を抱えており、病気の発作から回復したばかりだったが、チャリティーのための合唱曲を委託されて『メサイア』をつくった。エディス・ハミルトンは六〇歳で教師を退職するまで、神話収集家としての仕事などしたこともなかった。しかも、彼女は九〇歳になってから四年間毎年ヨーロッパに旅行したのである。[10]

人生後半のトランジションは、これまでうまくいっていた社会的条件を断ち切り、本当に新しく違うやり方をするための特別な機会を与えてくれる。それは、人生の前半よりも深い精神に鼓舞され、それと波長が合ってくる時期なのである。

不幸なことに、この時期にはいろいろな悩みが生じてくる。多くの人々はまだ仕事で活躍しているし、家のローンも終わっていない。子どもたちも学校に行っているし、老後の生活も会社の年金を頼りにしている。更年期に立ち向かい、中年期の灼熱の砂漠を横断しようともがいている人も多いだろう。新しい始まりについて語ろうとするのに、これほど悪い時期があるだろうか。

トランジション・リストをつくる

たしかに困難な時期ではある。しかし私は、四五歳あるいは六五歳においてみなが同じように経験すると思われる新しい変化について、今までと異なる処方箋を提出しようとしているのではない。ただ、私は年をとることは下り坂ではなく、それぞれの人の独自な旅であるという考えを擁護したいのである。われわれの文化は若さを指向しているけれども、われわれは人生の半分、あるいは四分の三を越えてはじめて、自分自身というものを持てるというのが本当のところである。

ショーペンハウエルは一世紀以上も前にこのことを指摘し、次のように書いている。

「それぞれの人の性格は、人生の特定の段階に最も適合しているように思える。だから、人生のその段階で人は最も自分らしくなるのである[11]」

この言葉は、トランジションが何を与え何を奪うとしても、ある点においては、それがわれわれを人生で最良の時に導いてくれるのだということを示唆している。

自分の人生について考えてみよう。最も自分らしい生き方のできる時期は、いつだろうか。自分は一七歳になるために生まれたのか、七〇歳になるために生まれたのか。自分は永遠に二五歳の青年だろうか、それとも五〇歳になるのを待ちかまえているのだろうか。こうした問題が存在することは、何歳の誕生日が一番大変だったかを話し合うとわかることが多い。答えはもちろん人によって違う。

問題は、自分のイメージが実際の年齢とずれるのはいつかということだからだ。自分の体験と年齢の関係はどうだったろうか。

回想をもう少し発展させてみよう。どのトランジション・ポイントが、自分にとって一番重要だっただろうか。われわれは、一連の典型的なトランジション期や各段階において重要な発達上の問題について論じてきた。しかし、それはひとまず置いて、自分自身のトランジション経験を児童期の終わりごろまで振り返って、年代記をつくってみよう。トランジションの中には、何も重要な変化が起こらなかったものもあるだろうし、人生の一つの章を終わらせたものもあっただろう。ここでは、重要なトランジションのリストをつくってみるのである。

リストができたら、最初のトランジションから、それぞれのトランジションに含まれている「発達課題」について考えてみる。ちなみに、私のリストの一部を示す。

- 一九五一年（一七歳）――大学入学。最初の自立。初めて自分の能力を試す。
- 一九五五年（二一歳）――卒業。職業決定に際してパニックになる。大学に残ることにし、決定の時を回避する。大学を変わるが、本当のトランジションは回避する。
- 一九五六年（二二歳）――陸軍に徴兵される。突然、「現実の世界」にひきずりこまれる。古い期待や自己イメージから自由になる。
- 一九五八年（二四歳）――除隊。ふたたび職業に関する問題と格闘。

あなたの年代記やトランジション期に起こったことは、私よりももっと重大かもしれない。明らかに、私は仕事に就いてそれを続けていくことに問題がある。それ以来のトランジションのいくつかは、最初のまずいスタートを再現しているようである。

自分の年代記を同性の親のものと比較してみると、興味深い側面が発見できるかもしれない。自分が人生に期待していることの多くは、同性の親が呈示するモデルに由来する。どのような発達図式にも示せないことだが、親の亡くなった年齢は（それが早ければ、とくに）自分の人生の中で重要なポイントになることが多い。

同様のことは、親の人生が興味深く生産的だった時期や、ものごとがばらばらになり精彩を欠くように見えた時期についても言えるだろう。親が重病になった時、離婚した時、生き方を変えた時は、どうだっただろうか。

自分と両親の年代記を比べてみると、それまで見過ごしていた里程標や回り道を示す立て札に気づくことが多い。トランジションのセミナーに参加していた男性の一人は、思いがけないことを発見した。彼は仕事を辞めたのだが、父親も二五年前に、ほぼ同じ年齢で同様の転機を迎えていたのである。「私は親父のまねをしたんだろうか」。彼は困惑して言った。「そうでなければいいんですが。親父にとってその決定は大失敗だったんです。その後二度と本当に良い仕事には就けなかったんですから」

またほかのメンバーは、自分と母親の健康状態の変化が、とても似ていることに気づいた。

母親の変化は少女だった彼女に大きな影響を与えていた。別の一人は、通常の時期に退職することを拒否した。それは、彼がその仕事が好きだったからでもないし、給料が必要だったからでもない。彼の父親が退職後とても惨めだったというのが、その理由なのである。

親が体験したトランジションにちょうど対応するトランジション・ポイントは、自分自身の人生と関係がない外的状況の反映であることも多いので、それを明確に把握する必要がある。トランジション体験の中で、どこまでが本当に自分自身のもので、どこまで文化的なメッキがついているかを、はっきりさせるのは大切なことである（五〇代の人はそういうふうに感じやすい）。成人期についての多数の理論でさえも、現実に起こっていることを本当に理解するための代用にしかならない。結局われわれは、「この旅行にのみ有効」と書かれた切符を持って、それぞれ独自の旅をしているのである。

スフィンクスの謎かけが示す、二つの重要なポイント

にもかかわらず、その旅の途上に、誰もが取り組まねばならない発達課題が用意されているのも事実である。スフィンクスの謎かけは、二つの重要なポイントを示唆している。

第一のポイントは、他者に依存していた人間が分離独立し、自己イメージや個人的スタイルを発達させていくトランジションである。第二のポイントは、そうして発達させた自己イメージや個人的スタイルが、逆に成長を妨害するようになる時点である。そのとき、人はそれまで

の自分を乗り越えて、長くゆっくりした成長のプロセスに向きあわねばならない。

　一見、前半の成長は獲得のように見え、後半の成長は喪失のように見える。しかしそれは、春が獲得で秋が喪失の季節だと言うくらいのもっともらしさしか持っていない。完全なサイクルにはどちらもが必要なのであり、そのサイクルにおいては、人生途上でのそれぞれの変化こそが真の意味を持つのである。

第3章　人間関係とトランジション

本当の「結婚」を成し遂げるまでには長い時間がかかる。人は一つの結婚生活の中で、さまざまなレベルで幾度も「結婚」をする。一度の結婚生活で「結婚」を「離婚」よりも多く経験しているのならば、あなたは幸運で我慢強い。

ルビー・ディー（ブライアン・ランカー『私は世界を夢見る』[1]より）

人は変わり、対話を忘れてしまう。
リリアン・ヘルマン『屋根裏部屋のおもちゃ』[2]

何かが変わってしまった

ある家族の話から始めよう（これはあくまで架空の話だ）。地方の高校の教師である四一歳のダンは、一二年間そこで勤務してきたが、その職場にも、教鞭をとることにも、生徒たちにも、自分自身にすら嫌気がさしてきていた。妻のベティは三九歳で、子どもが生まれる前は同じく教師だったが、一五年間、非常勤の職にしか就かなかった。しかし、今は学校に戻ってカウンセラーの資格を取り、新しい仕事をしたいと言う。一六歳のスーザンは、大学への入学を考え始めている高校二年生である。とても賢く、社会的活動にも熱心であるが、あまりにも忙しくて、着替えと睡眠のためだけに家に帰るようにみえるときもある。一五歳のボブは、スーザンと同様に聡明だが、内気な性格でそれほど忙しくはしていない。数学と科学が得意で、電気工学か航空機のデザインがやりたいと話している。

この一家をスナップショット風に描写してみると、典型的な「幸福で、成功した家庭」のように見える。しかし、彼らは生きて動いている人間であり、スナップショットではそのことはわからない。たとえば、ダンは日々の暮らしに心底疲れ果てている。その原因は全部今の仕事にあり、もっと面白い仕事さえ見つければ全部解決すると考えることもあれば、そんな単純な問題ではないのではないかと思うこともある。ダンとベティは以前よりも口論が多くなった。ベティの立てている将来計画と、それが家族に与える影響、ダンの憂鬱、興味の喪失などが喧嘩の種になる。「変わればいいんだろ、変われば」ダンはそう言うが、その言葉は彼自身にも虚しく響く。

事実、ダンの人生は行き詰まっており、彼は空虚感と喪失感にさいなまれていた。ベティをテーブルやベッド越しに眺めて、昔ベティに感じていた情熱を思いだそうとすることもある。賢く温かい人であることは確かなのに、なぜ魅力を感じないのだろう。ほかの男は彼女に惹かれるのに。先日の夜のパーティーでそれがわかった。妻が仕向けたわけではないのに一晩中何人もの男性たちが妻に話しかけていた。彼らが彼女に魅力を感じていることは明らかだった。

それなのに、どうして自分はそんな気持ちになれないのだろう？

パーティーのあと、ダンとベティは家に帰ってベッドを共にした。その夜の興奮が冷めやらぬベティは、生き生きと反応した。ダンもこれで火がついたが、それも最初だけだった。しばらくして、ダンは萎えてしまったためセックスを中断せざるを得なかった。ベティはこれに怒り、何が悪かったのかを知りたがった。何一つ、何一つとして悪いことはなかった。ベティはいっそう怒り出し、よそよそしく冷ややかなダンに対して辛辣《しんらつ》な言葉を浴びせた。「前はこんなじゃなかったでしょう。一体どうしたっていうのよ」

ダンももちろん言い返したが、ベティが眠りに落ちてからかなりの時間、その言葉が頭の中で反響していた。ベティの言うことはもっともだ。前はこんなふうじゃなかった。ダンは自分の弁護士で親友のピートのことを思い出していた。ピートは家族を残して都市部のアパートに引っ越していた。彼もまた人生に倦み疲れていて、性生活のトラブルを抱えていた。そんなピートも今では全く新しい人生と素晴らしい性生活を謳歌している。少なくとも彼はそう言っていた。結婚生活には数多くの点で賞味期限があるのかもしれない。一〇万マイルを一緒に走るか、一五年ごとに相手を替えるか、といったところであろう。これが二人の関係における自然な終着点であり、恐怖と罪悪感だけが、終着点を越えてもその関係を維持させる力を与えているのではないだろうか。

このようなジレンマは若い夫婦にも起こりうる。ダンとベティの結婚生活にもその兆候は一〇年以上前にもあったが、そのころはさして深刻な問題であるとも思えなかった。二人は結婚してから五、六年しかたっておらず、子どもたちも幼く、ダンも今の仕事に就こうとしているところであった。思い出してみると、ダンはこのころから物足りなさを感じていた。ベティは性的興奮を示さなくなり、二人はどこかに行こうとか、何か面白いことをしようという気持ちがなくなっていた。

しかし、新しい学校での仕事がダンにとって救いとなった。ベティとその子どもたちは新しい家を気に入り、すべての問題は解消したかに見えた。二人とも非常に忙しく、自分のことに精一杯だったため、初期のトランジションに対する潜在的反応は意識もされなかった。しかし、今は……あの時のようにすっきりと解消できるだろうか。

その問題に対する答えは、簡単には得られなかった。それはダンだけではなく、ベティの問題でもあり、ベティが人生に何を求めているかとも関係があった。今の家に引っ越した時、ベティは幼い二人の子どもの世話にかかりきりだった。ベティはよくダンに言っていた。「私が毎日見る大人と言えば、私のように家に縛りつけられている母親か、退職した人か、スーパーの店員ぐらいよ。外の世界が見たいものだわ」。ベティはしばしば不愉快だったが、この暮らしに甘んじる以外の選択肢が見当たらなかった。もっと悪いことに、自分がダンを痛めつけすぎると、心が安らぐ場所のなくなったダンが、もっと気立てが良くて明るい女性を探し始めるのではないかという不安もあった。

しかし、今は事情が違っていた。ベティは結婚生活から逃げ出したいわけではなかった。昔のように、生活に囚われているような感じもしなかった。子どもたちはもうほとんど独り立ちしており、ベティもカウンセラーになるという新しい夢を抱いていた。もはや理不尽な状況を受け入れる必要はなくなったのだ。ベティは、長く孤独な子育ての時代を終え、自分だけのために新天地を求めて旅立つことを夢見て、新たな希望に胸を膨らませていた。

しかし、その状況は彼女に恐怖も抱かせた。ベティの気分が良くなるにつれて、ダンの調子が悪くなるように見えたからである。二人にはまるで、エネルギーが一人分しかないかのようで、ベティが取れば取るほど、ダンの取り分が減るのだ。ダンの精力減退がいい例だ。先日の夜などは最悪のケースだったが、以前からその兆候はあった。性行為において主導権を握っていたのはいつもダンであり、ベティが恥ずかしがるようなやり方を強要したり、ベティがそんな気分ではない時にセックスをしたがったこともあった。

しかし、今や主導権を握っているのはもっぱらベティであり、性行為を楽しんでいるのもまた彼女だった。三〇代のころよりも積極的で、感度も良くなっていた。ベティもダンも変わりつつあったが、その方向は反対のように見えた。彼女は、このままだと遅かれ早かれ、二人は遠く離れてしまい、お互いが見えなくなってしまうのではないかと怖れていた。

二人が別居したなら、事態は改善していたかもしれない。もはや二人は互いにいい相手ではなかった。確かに彼は彼女からエネルギーを奪っていた。そして、彼はしばしば自分が彼女の足枷であるかのように感じていた。そう、あのパーティーの夜のように。ベティは男性たちと談笑している時、ダンが常に自分を見ているのに気づいていた。そして、夫以外の男性と喋っていて、彼らの関心によって自分がより生き生きしてきたと感じた時、事態は悪化した。彼女はこの状況を楽しんでいた。そして、ダンを見捨てても、一人ぼっちになってセックスの相手もいなくなるなどと心配する必要がないことに気がついた。自分でもそう認めざるを得なかった。

しかし、彼女は性的なことは二次的な問題にすぎないと思った。彼女にとって一番大切なことは、新しい目的意識であり、これから新しい世界に挑む心構えであった。彼女は何かやろうという気になっていた。大学を出て以来、こんな気持ちになったことはなかった。ただ一つの問題は、ダンが近くに居てもそんなふうに感じ続けることができるかどうか定かでないということだった。ダンを見捨てるか、その気持ちを抑えるか、どちらかを選ばなくてはならないのだろうか？　ダンにセラピストのところに行くように勧めることもできた（それは初めてのことではなかった）が、そう言えば、ダンは「どうせまた昔の君のカウンセラーだろう？　自分で何とかするさ」とあしらっただろう。問題は吹き飛ばして解消するようなものなのか。ベティが何か行動を起こさなければならないのか。

この質問の答えは、「解消」されるものが何かによって変わってくる。昨日の喧嘩や今日の気まずい雰囲気のような個々の出来事を問題にするのであれば、その答えはイエスになるだろう。一つの問題が起こって解消され、また新たな問題が起こって解消されていくだけである。しかしベティとダンの関係の中で起こっている変化と、その結果引き起こされるトランジションを問題にするなら、その答えはおそらくノーになるだろう。なぜなら、非常に深く手の届かないところで起こっている変化は、時間がたてば消えてしまうようなものではないからだ。

それぞれの人生の一局面が終わる時

それぞれの個人的なトランジションが夫婦関係に影響を与え、二人は別れを迫られるポイントに直面していたのだ。それぞれの人生の一局面が終わるという時、ダンとベティは、これまで二人を支えてきた関係が強い緊張をはらんだものになっていると感じていた。性的不和は氷山の一角にすぎなかった。その問題を解決したとしても、また新しい領域の問題が出てくるだけである。コミュニケーションは非常に重要である。本当に相手に言いたいことを見つけて話せるかどうかよりも、お互いに言い方を工夫することのほうがうまくいくことが多いだろう。

二人がどんな役割をとるかを検討することも必要だが、二人がそれぞれの人生のトランジションをやり遂げ、「新しい」人生がどのようなものになるかを目の当たりにするまでは、永続的な役割調整はできないだろう。

もうお気づきの方もおられるだろうが、ダンにもベティにも、一〇年前に一度浮かび上がってきた問題を再度考え直すゆとりはなかった。当時は二人ともそのことを考える時間もなかったし、今は新しい状況に頭が混乱していた。だから、そのことを検討する必要がなかった。実際、ダンは教鞭をとることに不満を感じていたし、もともと教師になりたいと思ったのもそれまで学校が好きだったたし、ほかにしたいことがなかったからだということに気づき始めていた。しかし、新しい仕事、新しいコミュニティ、新しい家は、ダンのそうした疑念やより深いところにある新たな出発への渇望を忘れさせていた。

同じことがベティにも起こっていた。非常に伝統的なやり方で育てられたため、子どもがすぐに欲しいのかどうか考えてみることはなかった。仕事に就いたにもかかわらず、すぐに妊娠してしまい、仕事をやめ「ねばならなかった」。意識的に自分で何かを決めたことも、選択の自由があることを意識したことさえもなかった。

ダンもベティも、二〇歳から三五歳の間でそれほど変わったわけではなかった。しかし、そのころから、二人はかつてのやり方で昔と同じことをするのに必要なエネルギーを絞り出すのが難しくなっていたことに気づいていた。二人を取り巻く状況はすっかり違っていた。ベティは数年後には子どもたちがどんどん成長して手がかからなくなり、それぞれの道を歩み始めるという、あらかじめ組み込まれた「終わり」を期待することができた。子どもたちは成長するにつれ、次第に母親を必要としなくなってきたので、ベティがもともと持っていたキャリアへの願望が再燃したのである。

しかし、ダンには（少なくとも定年までは）あらかじめ決まっているような「終わり」はなかった。彼は救いの時をそんなに長く待てなかったに違いない。教職を退くかどうかということもそのころは大した問題ではなかった。仕事において煩わしい責任を負わされて、その仕事が好きになれないというのは、より深い問題の一つの表れにすぎなかった。あまりにも長い間、自分が本当に必要としているものや、興味のあることについて考えてこなかったため、もはや自分が本当に必要としているものどころか、自分自身が何者であるかすらもわからなくなっていた。「自分をどこか千マイルも離れたところに置いてきてしまったような気分でした」。後にベティと共にカウンセラーの元を訪れた時、ダンはそう語った。「汽車はひたすら走り続け、ついに燃料が切れて止まってしまった。私はもうすべては順調だというふりをすることができなくなったのです」

ダンの問題をインポテンツとするか、仕事への倦怠とするか、夫婦生活への関心の喪失とするかは大して重要ではない。二人の人生全体の流れを抜きにして問題の解決を図ろうとしても無意味である。それは、再び汽車の燃料を一杯詰めて荒れ野の向こうまで送り出してしまうようなものだ。そういった「問題」は、実は、何かを「終わり」にする時が来たことを示す徴候なのだ。教師をやめるとか離婚するとかセックスをやめるというようなことではなく、文字通り「線路の終わり」に来た時にそれを認識できるかどうかなのだ。

ダンにとって、この認識はその後の数年間にわたるより大きな変化に繋がった。仕事と結婚生活を辞めたいという衝動が襲ってきたが、ダンはそれをこらえた。ダンとベティは向こう二年間の計画を立てた。ベティはダンの負担を減らすため、仕事に就いて資金を稼ぐ。ダンがほかにしたいことがあればそれを追求できる経済的ゆとりを生み出すためである。一方、ダンはこれまでの経験を洗い直して、本当にしたいことはどんなことなのかを突き止めることにした。

しばらくの間、このことが新しい葛藤を生み出した。ダンは、現代の「ウォールデンの池」（H・D・ソローがこの池のほとりで『森の生活』を書いた）のそばで思索にふける生活をしてみるのがよいと確信した。一方、ベティはそんな寂しい場所で友達から離れて暮らすのは絶対に楽しくないだろうと同じように確信した。「子どもたちが小さかったころ、私は家の中で独りぼっちだった。この家は私にとってウォールデンだったのよ」と彼女は言った。

嵐は過ぎ去ったが、二人はそれぞれに、また協力して、自分たちが本当に求めているものは何かを探し続けた。答えがはっきりとした形をとるには時間がかかった。しかし、これまでの古いやり方はもはや通用しないこと、そして自分たちがまさにトランジションの最中にいるのだと自覚したことが二人には大きな救いになった。新しい状況は二人にとって快適と言うにはほど遠いものではあったが、彼らの感じていることの多くはトランジションの自然な結果であり、個人の不適応や人間関係の断絶ではないということがわかり、二人は安心した。

二人の新しい生活の始まりは、それを見つけるまでに費やした多大な努力に比べれば驚くほど楽なものに見えた。ある日、ダンは昔の同級生に偶然出会った。彼の父親は同じ州の別の都市で地方新聞の編集者をしていたが、先ごろ亡くなってしまった。友人はできるだけ早くその新聞社を売ってしまわねばならず、学校新聞のアドバイザーだったダンに、「小さいけれど結構売れている新聞社を探している人を知らないか」と尋ねてきた。

その新聞社を買うかどうか決める前に、ダンとベティはベティの仕事も考慮しつつ、その町について調べた。「私がダンのためだけに行くとしたら、またすぐに昔のパターンに戻っていたでしょうね」。ベティは言った。「だけど、結局うまくいったんです。私はその地方の精神衛生機関に就職できたんですが、そこは私の望んでいるカウンセラーの資格を得るための指導を受けるのに最適な場所でした。トランジションはかなりの苦痛を伴いましたが、私たちの関係はこれまでとは違ったものになりました。私たちは今とても幸せです。自分とお互いについて毎日発見することがあります。もしそれぞれが別のパートナーと再婚していたら、かつての私たちの結婚生活を繰り返すだけで、結局破局を迎えていたことでしょう。けれど私たちは今、人生の未開拓の分野に出て新しい領域を探検しています」

親子関係での共鳴現象

もしも問題が、夫婦が今直面している人生の状況（ダンとベティの場合なら、二人の関係とそれぞれが個人的な満足を求める上での葛藤）から生じてくるだけなら、トランジションはもっと容易だろう。しかし、彼らの場合がそうであるように、通常、状況ははるかに複雑である。トランジションの時期にはよくあることだが、「人間関係での共鳴現象」が起こることがある。家族（またはこのような状況にある集団）のメンバーの一人に生じた発達上の問題がほかのメンバーにも類似の問題として再び出現したり、強められたりするのである。楽器の一本の弦が振動すると近くの弦もそれに応じて振動するように、人は他者の行動や状況に「共鳴」する。

ダンとベティは二人のティーンエイジャーの親で、子どもたちはそれぞれ自立へと向かうトランジションの真っ直中にいた。（運が良ければ）間もなく子どもたちは自分の足で立てるようになるだろう。しかし、一五歳と一六歳の二人は、きまぐれだった。ある日は何かに熱中しているかと思えば、次の日にはすべてを投げだそうとした。息子のボブが就きたい仕事は日替わりだった。最初はテストパイロットだったが、次は原子物理学者、次はコンピューター技師、次は……というふうにめまぐるしく変わっていた。その一方で、彼は社会的な成熟が遅く、デートをしたこともなかった。

ダンは息子の気持ちがよくわかると同時に妙にいら立たしくもあった。ボブは父親であるダンに彼が一五歳だったころを思い出させたのだ。そのころダンは、自信と自信喪失の奇妙な混乱を体験していた。ダンは自分で自分がわからなくなっている息子を身につまされる思いで見ていた。ダンはボブの将来の夢に心を奪われている自分に気がついた。これは偶然ではない。「ボブは賢くて、科学がよくできる。私がボブぐらいの年には見向きもしなかったものに興味を持っている。だから私は、『息子よ、わが道を行け！　私のように、安全な道を選んで後悔するな』と思ったのです」

最初ダンはこうした気持ちは息子の幸せを思う「普通の親心」だと言っていた。しかし、そのうちにダンは、それだけではないのではないかと思うようになった。「私は自分の人生のトランジションに直面して、立ち止まり、道に迷っていました。だから、人生の大事な時期に揺れ動いている息子を見ていられなかったのです。

それで、息子がついにカリフォルニア工科大学に出願した時はほっとしました。もちろん誇らしく思いましたが、それだけではありませんでした。ボブがついに自分で何かを成し遂げたことで、私自身が何かを成し遂げたような気持ちになったのです。『ボブは私に代わり、私が成し遂げられなかったことをするためにこの世に遣わされたのだ』。そう思った時、私は自分に言い聞かせました。『この考えはどちらにとってもよくないぞ。ボブは私のためにそうすることはできないし、私がそんなふうに期待すれば重荷になるだけだ』。それで私はその考えを撤回したのです」

親と子の両者がそれぞれ異なるトランジションに同時にさしかかった場合は、このような共鳴現象がよく起こる。ベティにも娘が大学に入った時に似たようなことが起こっていた。ある日、スーザンは母親に、「私が家を出るのを私よりも喜んでるんじゃない？」と言った。「私を追い出そうとしてるようにも思えるんだけど」

ベティはそんなつもりはないと弁解しながらも、自分の反応の背後に、ダンがボブに感じたように、子どもを自分の代理人にしたいという気持ちを感じていた。ベティは自分の発見についてこう語っている。「あの子は自分の道を歩もうとしている。スーザンの謳歌している自由は、私の何か奥深いところをかき乱すんです。私は自分にそんな自由を与えたことなんてなかったから。今になってその自由を欲しいとは思わないけれど、心のどこかでワクワクしていることは認めざるを得ません」

この時のスーザンの自由には、複数の男性との短期間の性的な関係も含まれていた。このことはベティを動揺させた。「私が結婚生活について見直している時に、こんなことになるなんて。私にまだ男性を引きつける魅力が残っていて、しかもダンが冷めてしまったこんな時に！」。娘に自分の望みを託すのは簡単だということにベティは気がついた。「自分は貞節を守りながら、娘に私のしたいことをさせることもできたのよね」。ベティは苦笑しながらそう言った。「けれど、私は私のことをし、娘には娘のしたいことをさせるほうがいいと思うわ」

家族というシステムとトランジション

あらゆる組織や人々のグループがそうであるように、家族もまた一つの「システム」である。メンバーは、たまたま一緒になった人たちが集まっているわけではなく、一人ひとりが、まさに全体の一部であり、全体に起こることはどんなことでもメンバー一人ひとりに影響する。どんなシステムでもそうだが、メンバーが意識的にはシステム内での自分の行動の仕方を変えようとしていても、無意識的には行動を変えようとする試みを抑えることによって、システムの現在の形を維持しようとすることがよくある。「組織を変えようとする人を手助けしているんだ」と、あるメンバーは言うが、裏ではその変化を阻止しようとするのだ。

ダンとベティが良い例だ。二人はそれぞれ別の理由で、子どもたちに世界に羽ばたいてほしいと願っていた。ダンは自分が果たせなかった仕事の夢を、ベティは自由への憧れを子どもに託したのである。しかし、二人とも子どもたちのトランジションを恐れてもいた。「子どもたちが家にいる間は、私たちは『家族』でいられる。ダンにも私にも、子どもを育てるという大事な役目があった」。ベティは子どもたちの邪魔をしたくなかったが、結婚生活がトランジションの中にあるこの時期、彼女は動揺しやすくなっていた。「親でなかったら、私たち二人は何なの？」。ある時、ベティはダンにそう尋ねてみた。

親の多くは、変化に対するこの種の抵抗に彼らほど気づいていない。ある母親は三〇歳になる弁護士の息子のことを「あの子は私たちにとってはまだまだ小さな子どもなんです」と臆面もなく言い、息子がつき合おうとしている女性（彼女もすでに三〇歳である）について「あの子はお前にはふさわしくないよ」「血は水よりも濃いのよ（親子の絆ほど強いものはないという意味で）」などと言う。

このようなことが見られるのは、子どもが巣立とうとしていたり、自分自身の人生を形作ろうと歩み始めている時の親に限らない。システム内のメンバーが変化する時はいつでも、ほかのメンバーの心が痛む。両親が離婚、または死別して誰か別の異性とつきあい始めると子どもは困惑する。同じ屋根の下で暮らしたきょうだいは離れ離れに暮らすようになっても、互いに連絡を取ろうとするものだ。もちろん、親密な関係にあるパートナーが予期せぬ変化を来した時には誰でも驚く。

パートナーのトランジションに対する反応ほど、夫婦関係が相補的な役割を持っていることを示すものはない。夫は妻の人生が重要かつ新しい始まりを迎えた時、自分ではそれを支持し、喜んでいると思っているが、やがて彼は無意識的にそれを阻止しようとしていた自分に気づく。（君が大学に戻ることは本当に嬉しいことだった。それなのに、どうして僕は君が帰宅する前に夕食を作り、子どもを迎えに行き、家の中を片づけるという約束を忘れてしまったのだろう）。まるで妻は、トランジションに入ることによって暗黙の決まりを破っているかのようだった。

そう、たしかに彼女は破っていたのだ。関係性というものは暗黙の了解で成り立っている。そのことに気づいている人間はほとんどいない。人生のかなり早期から、関係性において心理学的な役割分担がなされている。一方が実務的な仕事をして、他方が人間相手の仕事をする。一方は感情的な発言をし、他方は実際的なやり方で関係を安定させる。一方は次々に計画を立て、他方はそれぞれを厳しく批判する。人はいつもそんなふうにやっている。役割は無から生まれるのではなく、結局のところ関係から生まれるのだ。

関係の中で役割が生まれ、数年がたつと、二人はそのような環境によって人工的に増幅された役割上の側面を二極化させていく。そして、二人はそれぞれが一人の人間ではなくなっており、もう片方の人間がその関係の中で背負っていない役割を補うものとなっている。ダンはただの合理的な男ではなく、ベティに欠けている合理性を補う存在なのだ。

しかしダンは、人生は帳簿や契約だけで成り立っているのではないことに気づく。なんということだ！　ジブラルタルの岩が砕け散る！　成熟していて冷静だった夫がトランジションに入って脆弱な面が露わになると、妻の世界は離れていく。同様に、繊細で温かかった妻が自分の目標とそこに行き着くまでの方法を考え出すと、夫はパニックになる。ああ、どうしたらいいんだろう！　人生を照らす灯りが消えていく。相手の世界がぱちぱち音を立てて衰えていき、自分は脇道に一人で置いて行かれる恐怖に怯える。

配偶者の変化がパニックをもたらすのは自然なことである。それは、ある俳優の言動に相手役の俳優が台本通りに登場したり演じたりしない時に感じる不安に似ている。最悪なのは、台本に書いていない反応が返ってきた時である（何てことだ！　ノーって言ったよこの人。イエスって言わなきゃいけない場面なのに。どうしよう。このドラマはどうなるんだ？）。

なぜこのようなことが起こるのか。人間は、誰かに強いられないかぎり変わろうとしない反動主義的な生き物なのだろうか？　私たちは、突き玉にぶつからないかぎり同じところに居続けるビリヤードの球のようなものなのだろうか。私はそうは思わない。環境がトランジションを引き起こした時、私たちは自らの内にある惰性に苦しむことになる。しかし、人はビリヤードの玉のように機械的に動くのではない。むしろ、あらかじめセットされたテーマや筋書きに沿って、ゆっくりひも解かれていく物語のようなものだ。

人生は、生きていく過程で自分自身を語る一つの物語であり、他者にそれぞれの役割を演じることを要求する（求人広告：『老いぼれの馬に乗っている疲れ切った中年の騎士に安らぎを与えられる、温和で控えめな女性を探しています』）。内的な物語は一貫した世界観を持ち、異物を排除する独自の免疫システムを備えている。だから、私たちはトランジションに抗おうとしてしまうのだ（『ハムレット』にディック・トレイシー（アメリカのコミックに登場する私立探偵）が登場したり、『大草原の小さな家』にチャタレイ夫人が出てきたりすることを考えてみるといい）。

夫婦になるということは、相手の物語に暗に組み込まれた役割を演じることである。もっとも、その役に適応するのにはしばらく時間がかかる。表面に現れた言葉に従っているだけでは不十分だ。「私が指示したようには行動しない」という役割を割り当てられていることもあるのだ。二人の会話だけを聞いていると、第三者は二人の間の合意に気づかないことがある。第三者は言う。「彼は君が外に出て仕事を見つければいいと勧めているじゃないか。どうしてそうしないんだい？」

しかし彼女は、事はそれほど単純ではないことをよく知っている。彼女の夫が本当はこんなふうに言っているのだ。「君はかよわく臆病な人間だ。外の世界でやっていけるわけがないだろう？　けど大丈夫だよ。僕が君の面倒を見るから」

もちろん、このことは巧妙に隠されている。しかし、伝統的な結婚生活をしていた妻が家に帰ってきて興奮気味に、「ねえ聞いて！　私、仕事が見つかったのよ」と言った時、始めてそれが露見する。「本当？」と夫は返し、妻を怪訝《けげん》な顔つきで眺めて、やや納得できないような感じで、「良かったじゃないか」と言うが、その舌の根も乾かぬうちに、彼は思い出したようにこうつけ足すのである。「うーん、じゃあ一体誰がクリーニング屋に服を取りにいくんだい？」

二人がどうすべきかについては、さまざまな助言を得ることができるだろう。たとえば、性役割に対してもっと柔軟になるべきだとか、コミュニケーションをもっとオープンにしたり、もっとお互いを受け入れればよいなどと人は言うかもしれない。しかし、二人の関係性の中で、自分がどう変わるべきか、相手がどう変わるのをよしとすべきかを見いだす過程は、はるかに苦難に満ちているだろう。このような状況下では、二人の関係性だけでなく、それぞれの個人的成長にも危機が訪れる。それは不運とさえ言えよう。

危機の中で二人の関係をどう育むか

次の章では、個人の人生におけるトランジションに前向きに対処する方法について取り上げるが、ここではまず、トランジションのただ中でパートナーとの関係性をいかに育んでいけるかについて述べる。二人が直面している問題や対立している出来事が何であれ、二人は互いに、自分の中に新たな能力の源泉を見いだす機会を得る。その能力は、これまでは二人の人間関係を通じて主に相手が担ってきたものである。二人はそれぞれ人間として、より完全に近づくチャンスを得る。その時二人の関係はより拘束力のないベースで再構築されるだろう。

互いの活力を維持し、継続的に関係を発展させ続けるならば、これからもこの再構築のプロセスは何度も生じることだろう。このプロセスはパートナーや子どもたちのトランジションに対処しているうちに、自然に行われていることが多い。それは常に労働争議の調停のように、意識的に行われているとは限らない。ともかく、何かが終わる時には家族内のシステムが再構成される。二人の人間が関係を創るときにそうであるように、人間関係の形成には季節や転換期がある。このことを知っていると、このプロセスはかなり促進されるだろう。こういう見方をすれば、「問題」は解決されるべき悪いことや、修正されるべき失敗ではなく、物語の一章が終わったということを示すサインなのだ。

夫婦がこの認識を共有し、今の状況の意味を探求できたなら、どんな脅威的なピンチもチャンスに変えられるだろう。しかし、パートナーがこの認識を共有せず、共に探求するプロセスを歩もうとしない時には、あなたは一人で始めなくてはならない。こういうときには、パートナーの考え方を変えたいという気持ちが強く起こるものである。この本の初版が出た時、自分の夫や妻が中年の危機（もしくはほかのトランジション）に直面しているので、彼らに話をしてほしいという数多くの電話や手紙をもらった。「あなたの話なら夫（妻）も聞くでしょう。夫（妻）には、本当に助けが必要なんです」

私が話せばよいかもしれないが、その時点で本人が望んでいないような援助を与えても何にもならないだろう。むしろ、自分にトランジションの時が来ており、それが人間関係にどういう影響を与えているかを自覚している一方の人が、関係の中で何が終わり、それに対して何をなすべきかの探求を一人で始めたほうがよい。たいてい明らかになるのは、終わりを迎えるのは何かの外的状況ではなくて、双方が抱いている態度や思い込みやセルフイメージである。

相手に援助が必要だと思っている夫や妻こそ、実は援助を必要としているものだ。いったん自分が内的に変わっていくと、パートナーも、何も見えていないというわけではないし、話すのを嫌がっているわけではないことがはっきりする。相手を助けてほしい、相手にアドバイスをしてほしいと望む夫や妻は、自分にこそ援助が必要なのだと自覚したほうがいい。私はそう考えるようになった。

関係性に関わるトランジションの中でも特に難しいのは、両者の力関係が逆転するときに起こる。ある意味でそれは、他者の「機能分離」が起こるのと同じである。多くの夫婦は、夫婦の問題についてはどちらか一方が決めるという暗黙の了解をいつのまにか成立させているものだ。このような取り決めは、たいていの場合「お金のことは彼のほうが詳しいの。小型株と転換社債だったかしら、私にはその違いがわからないわ」とか、「彼女のセンスは僕よりもずっといいんだ。それに、このリビングルームにどんな家具がぴったり合うかなんて、僕はあまり気にしない。クッションさえ気持ちよければ、それでいいのさ」などといった言葉で正当化される。

しかし、こういった取り決めはそれぞれの権利や責任の分担割合において二人の間に摩擦が生じた時、しばしば彼らを悩ませる。「休日に何をするか決めるのは、どうしていつもあなたなの？」「これまで車を買うときは、いつもあなたの好きな車にしてきたよね？」

どちらかがある日そう言うのだ。これは、あなたがこれまでいつもやってきたことが、あまり良い結果を生まなかったということだ。あなたは「私はあなたよりも優れている」という理由を山ほど思いつくかもしれないが、しょせん無駄なことだ。もっと言えば、そうした理由は本質的な問題ではない。なぜなら、あなた一人で夫婦のことを決めるという状況に反旗が翻されているからだ。多くの夫婦は、こういった局面をいくつも経験し、はじめはあるやり方で行い、それから、別の方法に変えていく。

これまでの人間関係の歴史を章ごとに区切っていく方法の一つは、「最初はどちらのやり方で始めたか」、次に「そのやり方がうまくいかなくなった時、どちらのやり方でやったか」を見ていくことである。たいていは、何度かそういう変化があって、最終的にどちらか一方が権力を持つに至る。

主導権は少しずつ移り変わっていく場合もあれば、急激に変わることもある。「そう！　主導権はあなたから私に移ったんだ」と宣言するような場合である。しかし、力関係がどのように移り変わるにしろ、それは一つの関係にとって大きなトランジションである。夫婦のどちらもこれまでのやり方を手放し、新しい取り決めができるまでの混沌とした「ニュートラルゾーン」を経て、二人の新しいやり方を始めていく。

力関係のバランスが変わる

しかし、トランジションが進んでいる間は、たいていの夫婦はおそらく自分たちが何をしているか、なぜそうしているかを明確にできない。ただし彼らは、それぞれはどんな人間で、相手のどんなことに我慢してきたかなどについてはいろいろ言い立てる。二人は取り決めの内容について口論するが、そこで本当に何が起こっているのかは自覚できていない。では一体何が起こっているのか。それは「力関係のバランスの取り直し」をしているのだと言ってもよい。それまでしばらく傾いていたのをまたこれからしばらく別のほうに傾かせる（天秤の針を中央に持ってくるのではない。システムの中では力関係はどちらかに傾き、揺れるのだ）。

もちろん、すべての事柄が関係全体に影響するわけではない。関係性とは三つ編みのようなものである場合が多い。一つの束は夫婦の一人（たとえば、経済面でのサポート）へと伸び、もう一つの束はもう一人（たとえば、いつセックスするか決める）へ伸びている。たとえば、「リフォームのために借金するかどうかを決める」とか、「子どもの門限を決める」とか、「何日ぐらいまで親戚が滞在するのをよしとするか」といったさまざまな事柄が、力関係のバランスによって、一方へ、また他方へと向かい、絡まり合って編まれていく。これらのパターンが変わる時、そうした関係の中にある夫婦は、トランジションを迎えていると言えるだろう。

　そうした状況で役に立つ行動はいろいろある。まず第一に、もちろん、二人がそれぞれどんな経験をしているかをはっきりさせる。次に、トランジションという枠組みを使って話し合いを整理し、古い取り決めを取り払ってニュートラルゾーンに放り出されるのは常に困難と混乱を伴うということを理解する。

　あなたが感じている苦しみは相手が不当であるということを示しているのではなく、ましてや落ち度があるということを示しているのではない。それは二人が大きな人生のトランジションの真っ直中にいるということであり、今はその通行料を取られているだけなのだ。ほかのトランジションと同じように、このトランジションはあなたたちをより良いところへ連れていくだろう。

　あなたは何年かして当時を振り返り、そのころ何が起きていたのか理解できなかった無能さに驚くかもしれない。それは、物語の一つの章から次の章へと移るときの自然な混乱である。このことをあなたは容易に理解できるようになるだろう。

これらすべての可能性に留意し、それを今の状況を多様な観点から見るためのレンズとして使用するのだ。あるレンズは夫婦の一方にとって一つのことを鮮明に見せるが、もう一方にとっては歪んだ映像を作り出す。そうだとすれば、トランジションは一人ひとり異なり、その結果もたらされる物の見え方も異なってくるということを認めねばならない。そうすれば、パートナーが手放そうとしているのと同じものをあなたが手放さなければならなくなったらどう感じるかが、想像しやすくなるだろう。

同様に、新たな始まりが生み出す不安が相手にも自信喪失を引き起こすのではないかということが、あるいは、長きにわたって続いてきたパターンがなくなり、人生という名の本のページが真っ白になってしまったら、相手はどれほどの喪失感と混乱を味わうことになるかが、想像しやすくなるだろう。

ほかにもあなたの役に立つことがいくつかある。その一部をリストアップしてこの章を終えよう。誰にでも役に立つアドバイスはなく、一人の人間にどんな時でも役に立つアドバイスも存在しない。このことを覚えておいてほしい。自分にあてはまるものだけを取り入れていただきたい。

〈関係がトランジションを迎えている人のチェックリスト〉

(1)焦らない

私たちの生活の外観はすぐにでも変えられる。しかし、内的にもそれに適応して、生き生きとした人間関係を結び、活発に行動できるようになるには時間がかかる。しかしそれは、何かが動き出すまですべてを中断しなければならないということではない。古い環境を手放すことに対しても、新しい環境に身を置くことに対しても、暫定的に取り組むことしかできない。つまり、外的な変化に応じた内的な変化は一挙に起こるものではないということである。

(2)当面の措置をとる

数年前にわが家をリフォームした時、私は数週間ほどリビングの壁をプラスチックと布で代用して暮らした。この一時的なアレンジは不格好ではあるが、改築中の場所で生活する上で必要な安心感を与えてくれた。関係性におけるトランジショナルな状況も同様である。内的な作業がなされている間も、外的な仕事は続ける必要がある。ここには、何かを決定するために一時的な対策を取ることも、あるいは、より恒久的な役割分担が決まるまで当面の分担を相談して決めることも含まれるかもしれない。また、今の状況を一時的なものとして受け入れ、ある程度のエネルギーを、それに代わるものを探すために費やそう、と決意するだけのこともある。

(3)「ともかく何かしなくちゃ」という気持ちで行動してはいけない

突発的な情況下では、欲求不満を引き起こしやすいので、何でもいいから何かしたいという衝動に駆られがちだ。そう感じるのももっともだが、そういうことをするとたいてい事態は悪化する。トランジションの過程でしなくてはならないのは、人生の一つの章に終わりをもたらすことだけでなく、次の段階に進むために必要なものを見いだすことである。この重要なプロセスをやり抜くためには、十分な時間、トランジションの中に留まる必要がある。早まった行動によってトランジションを中断してはならない。

(4)些細なことでも、自分のやり方を大事にする

この時期はおそらく自分の理想像に合うような生き方をする時ではなく、妥協点を見つける時だ。内なる小さなニーズに耳を傾けよう。薬を飲むような方法で無理に自分を変えようとしてはならない。すべてが変わろうとしているような時には、些細なことでもこれまでずっと続けてきたものが重要になってくる。

私の友人は、老いた母親が新居に引っ越した次の日、新しい町のスーパーマーケットに彼女を連れて行った。母親は「桃。お父さんに桃を買ってあげないと」と言った。その時は桃の採れる季節ではなかったので、桃の値段は高かった。しかし、身の回りのものすべてが変わって

しまうような状況においては、好きな食べ物や毎回見ているテレビ番組など、小さなものでも何かこれまで慣れ親しんできたものを継続することが重要になってくる。

(5)変化の良い面と悪い面の両方に配慮する

誰にでも変えたいものと変えたくないものがあるが、どんなトランジションにもそれなりの困難が伴う。自分の変化をまだ望んでいないのなら、得られるかもしれない恩恵から目を背ける理由がたくさんあるのだろう。その利益が明らかになると、変化を要求した人を責められなくなったり、それまでの状況に対する自分の認識が誤っていたことが明白になったりする。一方、自分の変化を望むなら、それに伴うコストのことを考えたくない理由があるのだろう。コストのことを考えると決心が揺らぐかもしれないし、トランジションが相手に与える苦痛に気づくかもしれない。どちらにせよ、良い面と悪い面の両方に目を向けなくてはならない。

(6)話し相手を見つける

人間関係における重要なトランジションを経験しているときには、カウンセラーにしろ親友にしろ、とにかく話し相手が必要になるだろう。アドバイスが役に立つこともあるが、こういうときに本当に必要なのはアドバイスではなく、自分のジレンマや感情を言葉にすることである。そうすれば、自分に何が起きているのかを十分に把握することができる。なかには、「私はあなたが本当に何をすべきかを知っている」などと言う人もいるが、そんな相手には気をつけたほうがいい。しかし逆に、相手があなたの意に沿わない反応を示したとき、あなたがいつも簡単な説明で処理してしまおうとしがちならば――とくに、そういう反応をする人が何人もいるなら――自分がまちがっていないか考えてみる必要がある。

(7)トランジションを現状に別れを告げるプロセスと捉え、しばらくゆっくり休んだあとで、答えを見つけて戻ってくる

イギリス人の歴史家、アーノルド・トインビーは、古い秩序を崩壊させる「混乱期」を経ることによって初めて、社会は新しいエネルギーを得て、新たな方向へ進んでいくと述べている。彼はまた、その社会の中の目覚めた個人や少数の創造的人間が「引きこもりと復帰」を行ったあとに、社会の新しい方向性が見えてくることが非常に多いと指摘した。

必要とされる変革は過渡的な状況や日常生活の外側で起こっているかのようにみえる。個々人の人生においてもそれは同様である。何かが終わると、人はニュートラルゾーンでしばらく(休暇の)時を過ごし、それから新しい何かが始まる。人生というものは今までもずっとそういうふうに変化してきたし、これからも変化し続けるだろう。トランジションの時期を革新と変容の時にしよう。トランジションから抜け出してきたとき、あなたはトランジションに入ったときよりも強くなり、世界によりよく適応しているだろう。

第4章　仕事とトランジション

若いころに抱いた夢や希望を中年になっても実現しようとしている人は誰でも、常に現在の自分を裏切っている。それぞれの人生には、一〇年ごとにその時期の幸運や希望や欲求があるものだ。

ヴォルフガング・フォン・ゲーテ

夢や希望は変化する

人々の生涯全体を物語として描写しようとするとき、作家たちはよく、その人が成し遂げたことを彼らの子ども時代の夢にまで遡る。しかしこのやり方はたいてい、あとから考えればそうだったのだろうという結論を導くか、その人は幼少期に抱いた想いに生涯とらわれ続けたのではないだろうかと示唆するだけである。ゲーテが指摘するように、人生の自然な発達パターンは、同一の夢を持ち続けることではなく、過去の夢を手放し、生涯を通じて新たな夢を生み出すことである。

たいていの人は、新しい状況を作り出し、将来への新しい希望を抱き、それを実現するための新しい方法も生み出す。このような人生のイメージは、次々と成果が上がっていくような右肩上がりのものではなく、複数のサイクルが折り重なっていくらせん形である。一つのサイクルの終わりが、新しい夢に基づいた経験や活動を導く新しいサイクルにつながっていくのである。

かつては自分の能力や興味にぴったりであった仕事が、やがてつまらなくなったり、その仕事があなたを望みの場所へ連れて行く力を失ったりするのは珍しいことではない。高収入の仕事で成功していても、多くの人々が、しばしば期せずしてトランジションを迎える。時には、トランジションは自己の内側から湧き起こってくるもののように感じられる。かつて関心を持っていた事柄に退屈したり、かつて心の底から信じていた事柄への不信感が波のように襲ってくるのだ。また、トランジションは、個々人の人生や職場における外的変化によって突然引き起こされることもある。どちらの場合でも、人はたいてい以前の状態に戻そうとする。しかし、意味のあるトランジションの場合は、たいてい、もとには戻らない。

はるかな高みを目標にする社会

われわれの文化には、この通常の周期的な成長パターンに立ちはだかる力が存在しているようだ。この社会は経済的な成功や職業上の名声に重きを置いており、人々に現在よりもはるかに高い目標を設定するように（そして目標達成に努力し続けるように）促す。社会的な成功が強調されるあまり、彼らが本当にやりたいことや楽しめることをするのを阻む。成功の目標をはるかに高いところにおくことは、「たとえ目標が達成されなくとも、ある地点までは達成すれば、それなりの成果があったと認められるだろう」という考えによって正当化される。ごく少数の例外を除くほとんどすべての人にとって、「高みを目ざす」ことは人生の最終決算日に（なんと意味深いトランジションだろう！）、「失敗」という結果を受け入れざるを得なくさせるだろう。

「高みを目指す」ことは、対価を得られる日がずっと先になるということでもある。そのような人生は、本当の自分にふさわしい、自分を活かせる仕事から必ず得られるような意義や満足感を与えるとはかぎらない。経済的な成功を重要視する考え方は、人々に、やりがいを見いだせそうな職業や生活を選ぶことを思いとどまらせるだけでなく、想像力や願望が本質的には信用できないものであると教える。

「今やっている仕事に人生を費やすつもりはなかった」という感じが繰り返し起こってきても、それを信じてはいけないと思わせるのだ。この感覚は（たとえ誤りであったとしても）、次々と訪れるトランジションの時期に立ち現れる。それが、人生の方向性をもう一度定め、新たな活力の源泉を見つけていく時期であっても、自分自身が望んでいることや必要としていることが一向に分からずに混乱のさなかにある時期であっても、しばしば立ち現れるのである。

職業生活を計画する際には、個々人の変化しやすい考えや夢をあてにしてはいけないと一般的には考えられているので、多くの人々は、人生の自然なトランジションの時期を迎えた際にキャリアについての支援を必要とする。未来からの内なる声を無視したり、阻止したりする人々は、きわめて重要なシグナルを自分が切り離すことになる。これまで生き生きと暮らしてきた人々は、このシグナルを大切にして、自分の発達にそった小道を歩んできたのだ。このような心のシグナルを黙殺してきた人々が、意義のある職業を見つけてそれを続けていくことが難しいのも、彼らがトランジションの時期に入ると混乱し苦悩するのも、無理のないことだ。

ここで、最も活動的で満足できる職業生活とはどういうプロセスを経るのかという問いに戻ることにしよう。ここではまず、現代の組織における極端に高いレベルの変化は、人々を半永久的なトランジション状態に置く傾向があることを覚えておく必要がある。組織の再編成、合併、技術的な変化、戦略的な転換、絶え間ない新製品の生産は、ほとんどの組織を常に不安定な状態にする。

現代社会は、社会的変化のレベルを高く維持しようとする人が重んじられる歴史上初めての社会なのである。その他のほとんどの時代や場所では、社会の継続性を守る人々を重んじ、彼らに名誉を与えてきた。しかしわれわれの社会は「革新」という名のもとに変化そのものに価値を置いている。経済はこれに依存しており、もしも「革新」が止まってしまえば、社会全体はもちろん、個々人の職業の大半がバラバラになってしまうのである。

こうしてわれわれは変化に依存した経済と、創造性や変革に過大な価値を置く文化を築き上げてきた。人々のキャリアも頻繁に生じる変化によって区切られるしかなく、そのたびに古いやり方や古いアイデンティティを新しいものにしていく「トランジション」が要求される。

これらのトランジションにおいては、生産性にかなりの損害を与えざるを得ない。なぜなら、われわれは時間やエネルギーを、仕事のためにではなく、一時的にトランジションをやり遂げるために費やしていくことになるからである。このようなエネルギーの一時的な置換作業がごく少数の人々に起きている間は、彼ら個人の問題で済むだろう。しかしこれが大きなスケールで起こった時、たとえば組織の大きな再編成や合併を背景に多くの人たちにこれが起こった場合、個々人の職業上のトランジションの問題[1]が、「生産性の低下」「欠勤」「欠陥製品の増加」「離職」という形で現われ、組織そのものの問題となるのだ。

トランジションの三つの局面

個人的なものであろうと組織的なものであろうと、一般にトランジションは三つの局面を繰り返し浮び上がらせる。トランジションの発端が外からの変化であっても、個人の内的成長であっても、トランジションは常に「終わり」から始まる。

新しい何かになるためには、現在の自分であることをやめなければならない。物事を新しいやり方で始めるためには、現在のやり方を終わらせなければならない。そして、態度やものの考え方を新しくするには、今の古い形を手放さなければならない。後退するように聞こえるかもしれないが、「終わり」は常に最初にやってくる。はじめになすべきことは、「手放す」ことなのである。

それからあなたは「ニュートラルゾーン」へと入っていく。それは、一見、何もない中間の時期で、組織の表面的状況の下で、あるいは、目には見えない自己の内面において、変容が進行する。いわば、「なんでもあり」の状態になり、自分自身が一体何者であり、どのように振る舞うべきなのかが一向に分からなくなる。無意味な時間のように感じられるかもしれないが、本当はこの時期はきわめて重要である。

「ニュートラルゾーン」にいる間、あなたはシグナルやキューを受け取る（それを解読できればだが）。それらは、職業生活の次のステージで、自分が何になる必要があるのかを示してくれる。このニュートラルゾーンを急いで抜け出そうとして壊さないかぎり、われわれは時間をかけてゆっくりと変容を遂げていき、人生の歩みを進め、成長した自分となっていく。

職業生活におけるこうした再方向づけの時期の混乱の度合いは、二つの要素によって決定される。第一の要素は、トランジションのきっかけとなる変化に内在する重要性である。第二の要素は、それらの変化が、自分自身の中で起こっている発達上の時期と重なるかどうかである。

たとえば、職を失うことは、いつでも大きな変化を生み出す。しかし、内的な「発達における課題」が比較的小さい時期に失業した場合は、それは現実的に対処すべき問題にすぎない。一方、規模のより小さな変化――たとえば「望んでいた昇進が叶わなかった」といったこと――でも、自然な見直しの時期やトランジションの時期であれば、個人に大きな影響を及ぼすことになる（中年期にそれが起こったときのように）。たとえば、上司の死という大きな変化は、まだ若くて、やがて自分も死ぬということに関心がない時期に起こるよりも、六〇代になって、一連のトランジションにも直面し、「老い」のプロセスのさなかにある時期に起こったときのほうが、より強い衝撃を与えるだろう。

トランジションの共鳴

自らの職業上のトランジションは、他人が経験しているトランジションと共鳴するものである。私が三〇年前に教職を辞める準備をしていた時、私には「古い人生から新しい人生へと移行する際には、いくらかの空白の時間が必要である」という感覚があった（そのころ、私はトランジションの意義について十分に知らなかったのであるが）。私は自分の胸の中に教師としての気持ちが残っているかぎり、ほかのやるべきことが見つからないときにはいつも、昔のアイデンティティや、やり方に戻ろうとしてしまうのではないかと恐れていた。

私は人生のトランジションについて理解し始めたばかりのころであったにもかかわらず、

「トランジションを経験している数カ月間は、短期の仕事だけで切り抜けられるように物事を調整するべきだ」という直感があった。幸運なことに、私の妻はほぼフルタイムで働いていたし、われわれは少しばかりの蓄えもあったので、私はそのような時間を設けることができたのである。

大学の学部の同僚たちに私のこの計画について話をした時、そのうちの一人がこう言った。「だけど、どこで教えるつもりなんだい？」。私は仕事の面で新たな視点を持つために、しばらくはどこでも教える気はないことを説明した。同僚は戸惑ったように見えたが、それ以上何も言わなかった。一週間後、私は学部の食堂で、ほかの友人と昼食をとっている彼にばったり出会った。その話の中に私が加わった時、彼は言った。「今ちょうどボブに君が大学を辞めるということを話していたんだ。だけど、君がどこの大学に移ると言ったか思い出せないんだ」。私が「どこでも教えるつもりはないと言ったじゃないか」と話すと、彼は驚いて「そんなことは聞いていない」と叫んだ。「どこでも教えないって！　それは大冒険だ」

私は彼の反応に困惑し、前に本当にそう言っただろうかと考えてみた。しかし、一週間後、彼は私の疑念を解消してくれた。何と彼はまた「忘れて」いて、私が本当に教師を辞めるというニュースを聞いて三たび驚いたのである。彼は自分自身の職業に満足していなかったのだが、数年前に、職業を変えるには年をとりすぎていると判断したのだった。職場には、そんな人がたくさんおり、彼らはみなそれぞれの理由で、ほかの人たちの退職、配置転換、昇進、解雇に共鳴するのである。

本当の困難はトランジション・プロセスから生じる

前章で論じたように、人の職業生活は長期にわたる人間関係のように、いくつかの局面を通過していく。新しい仕事を始める時には、新しい人間関係を築き上げる時と同じような困難が生じる。みなそれぞれ調整の期間を経るのだ。「調整」というと、機械的な概念のように誤解されるかもしれない。つまりは、ダイヤルをいじったり、スイッチをリセットしたりして、自分自身を新しい状況に適応させる必要があるというわけである。

しかし、このような見方はこの事態にふさわしくない。というのは、新しい状況に慣れていく時には、人はいくつかの苦しい変化を体験するけれども、本当の問題はこれらの変化から生じるのではなく、かつての自分を「終わり」にして、新しい状況の中で自分の立ち位置を発見するという、根底に潜む困難なプロセスから生じるからである。要するに、本当の困難はトランジション・プロセスから生じるのである。

仕事や職歴の変化にうまく対処していくこのトランジション・プロセスがいかに重要なものであるかを理解することが大切である。解雇される時の気持ちは、自分から仕事を辞める時とは全然違うし、最初はおもしろかった仕事が嫌になる時の言葉にならない憂鬱はまた、それらとは違っている。最初の就職、退職、配置転換には、それぞれ独特の感慨が生じるだろう。

しかし、それらの深層には、必ずトランジションが潜んでいる。そしてトランジションの体験は、新しい状況へ自分を調整することよりもまず苦しみをもたらすのである。人々が抵抗感を示すのも、そうした変化に対してではなく、トランジションそのものに対してである。これは偶然の一致ではない。

あなたの今後の職業生活に影響を及ぼすのは、単なる職場の変化でもない。むしろ完全に「個人的」な変化が職業生活にも影響を与えるのだ。仕事と家庭は遠く離れた世界のように思っている人もいるかもしれないが、家庭に問題がある時には決まって、仕事に傾けるエネルギーや注意力は低下するものである。健康、経済、性生活、スピリチュアルな領域、これらすべてにおける変化は、仕事や職業生活全体にも波紋を起こさざるを得ない。

その変化が内的エネルギーを強めることもないわけではないが、たいていの場合は、仕事に注いでいたエネルギーが個人生活の変化のほうに奪われる。上司は当惑しながら言う。「一体どうしたんだ。以前はあんなによく働いていたのに、最近の君といったら……」

起こっていることはもちろん全体的なトランジション・プロセスなのだが、仕事における意欲や結果だけに注目する人は、励ましたり、配置転換をしたりして（それでもうまくいかない場合には脅しや処罰によって）、やる気を回復させようとするだろう。この種の対処法はうまくいかない。というのは、あなたに起きていることは、ただ単に仕事に興味を失ったとか、昔から変わらない仕事や環境に飽きてきたとかいったことではないからである（もしそうなら、刺激を与えたり配置転換したりすれば、意欲が回復するはずである）。いまや、その人はかつての自分を「終わり」にし、手放すことによって（これがトランジション・プロセスを開始させるのだが）、大切であった活動や人々とのつながりを失う時期を迎えているのだ。季節のサイクルで言えば、この時期は「秋」なのであり、賞罰によって昔のやる気を回復させようとするのは、枯葉を木にくっつけておこうとするのと同じくらい、無駄なことなのである。

能力の発揮から意味の探求へ

このプロセスがどんなもので、それに対して何ができるかをより深く理解するために、前章で話題にした高校教師でありトランジションのさなかにあったダンのケースに戻ってみよう。同僚の中に、ダンの人生に何が起ころうとしているのかを知っている者はいなかったが、彼が教職に対して情熱を失っていることは誰の目にも明らかだった。校長が彼にそのことを指摘した時、ダンはもっと頑張ることを約束し、おびえ混乱したままで会議室を出た。

混乱の一部は、家庭の問題が原因で仕事に支障が生じたのではないことに、彼が次第に気づいていたことから来ていた。教師としての彼を蝕んでいたものは、夫や父としての彼を蝕んでいたものと同じだったのである。人生のすべての領域で、彼は空虚感や無意味さを感じていたのである。

問題の核心を見いだしてから数カ月間、ダンは懸命に考えた。そして、個人の職業生活で四〇歳を過ぎてから起こりやすい重要なトランジションの一つを発見した。それは、仕事やその成果においてともかく「能力」の発揮が動機になっていた状態から、「個人的意味」の探求が動機となる状態へのトランジション、つまり、「いかにして」（how）から「なぜ」（why）への転換だったのである。

仕事の世界では能力が物を言う。ほとんどの評価や報酬は、個人の能力に応じて決定される。職業指導においても、適性テストでは能力が最も重視される。配置転換や昇進も能力評価にもとづいて行われる。普通の仕事でも専門職でも、能力を示すことで就職や昇進が決定される。

しかし、ある時期がくると（早い人で三五歳、遅い人で五五歳くらい）、能力は動機づけの原動力として働かなくなる。ある医者は言う。「たしかに私は優秀な外科医だ。しかし、もはや昔のように技術を高めることには興味がなくなってしまった。これだけ繰り返し同じことをする意味はどこにあるのだろうか」。配管工もソーシャル・ワーカーも主婦も同じことを言う。

もちろん、新たな能力が必要な領域に変わり、最初から全部やり直すなら、一時的に昔のような情熱が取り戻せるかもしれない。しかし、このような変化によって得られる効果はたいてい長続きしない。遅咲きの花を植えたところで、能力が物を言う季節は過ぎ去ろうとしているのだ。

ダンは何カ月も、人生のこの時期に自分は本当は何をしていたいのだろうと悩み続けた。そして、それは次第に明らかになってきた。彼は観念や理論の世界でずっとやってきたのだが、本当はもっと実践的な仕事をやりたかったのである。彼は若い人たちと働くのが好きだったが、次第に同年代の人たちとの交流を求めるようになっていた。彼が「それにはどんな意味があるのか」について思索に耽り始めたとしても目を丸くしない（と彼が望んでいた）成熟した大人たちである。彼は書くことが好きだった。しかし、いつか本にしようと書きためておいた原稿などはなかった。そんなときに、ある新聞社が売りに出されたことを聞いたのである。

多くの人生のトランジションと同様、それはゆっくりしたプロセスだった。トランジション・プロセスを伴った生活をやり抜くには何カ月もかかった。ダンは次にしたいことを見つけるまでの間、教職という以前からの仕事を続けた。しかし、それは苦しみを伴っていた。彼も言っていたように、彼はその仕事から「感情的にプラグを抜かれた」状態になっていたのである。しかし、その体験に意味が見いだせるようになると、彼はその葛藤と戦おうとはしなくなった。彼はその苦しみに耐え、新しい方向を模索することに、もっとエネルギーを振り向けるようになったのである。

誰もがみな、このようにして職業上のトランジションを成し遂げるわけではない。もし、ダンが解雇されていたら（仕事に対する熱が冷め、頑張りがきかなくなった時には、この可能性が大いにあった）、彼はトランジションをやり遂げる間、家族の生活を支える方法を見つけねばならなかっただろう。そうなると、新しい職業を見つけなければならないというプレッシャーによって、多少なりともこのトランジション・プロセスが促進されたかもしれない。
しかし、トランジションには固有のタイミングがあり、それを早くしようとしてもうまくいかないようだ。もし、ダンが異なった時期にこのトランジションを迎えていたら、事態はまったく違う展開を示しただろう。

自分自身への二つの問いかけ

人間関係と同様に、職業生活にも自然のリズムがある。ここでの課題は、現実の仕事上の変化と潜在的な人生の発達のリズムとの結びつきに気づくことである。成人期に関する本から手がかりを得ることもできるが、個々の人生は本質的にユニークなものである。人生の状態を見極めるようなリトマス試験紙はない。また、特定のトランジションの意味を発見することは、困難で時間がかかるものであるかもしれない。しかし、その意味が見つからなければ、人は個人的発達の筋道を見失い、わけのわからない変化のただ中で、ばらばらになった過去の断片をできるだけ早く元に戻そうと躍起になるのである。

その特別な変化が何を意味しているのかを教えてくれる「変化の種類やその意味を記した一覧表」はないが、その意味を見つける可能性を最大にし、それを人間関係や仕事の世界に応用する方法はある。これは、トランジションに直面している時に、自分自身に対して二つの問いかけをすることから始まる。これらは、人生の特定の時期に行う、成長のための内的作業の中で、トランジションが何を意味しているのかを見いだすのに役立つことだろう。

(1)人生で、今まさに手放すべきものは何か。

この問いは、変化とトランジションの一番の違いを示してくれる。後者は必ず「手放す」ことから始まるものである。第2章「人生はトランジションの連続である」で言及したように、われわれは周期的にある地点に到達する。そこは、今までよく機能してきた自分自身のあり方、信念、挑戦に対する心構え、目標、将来の夢、人の見方などが、ここから先の未来では役立たない場所だ。若い親たちは、子どもたちの誤りを正すのに「時間はいくらでもある」と思っているかもしれないが、やがて子どもたちは現在そうであるような人間になって、今となっては大幅な矯正はきかなくなる。

中年の大人たちは、多くの選択肢を考慮する価値があった二〇代のころによく機能した「一時的な努力」を未だに繰り返しているかもしれない。しかし五〇代になると、同じような一時的な努力が、意義と活気に満ちた「人生の後半」を導いてくれる大切な人間関係や良い仕事をする機会を奪うことになる。「今何を手放すべきか」を見つけることによってしばしば、トランジションを有意義に推し進めていく道が開かれるのである。

残念ながら、人々は人生に新たな要素を付加したがる傾向にある。たとえ彼らがこの問いに対する興味深い答えを見つけ出したとしても、それを意義あるトランジションに変えていくことはできない。なぜなら新しいスタートを切るためには、「今まさに手放すべきもの」を実際に手放していくという「終わり」から始めなければならないからである。それができないことには、「素晴らしきアイデア」も「心躍るような可能性」もなんら役には立たないことが分かるだろう。では、「人生で、今まさに手放すべきものは何か」という問いから始めてみよう。

(2) 人生の舞台の袖で出番を待っているものは何か。

答えは、あなたの関心を引いた外的な出来事や状況から明らかになることもあるが、本質的には、心の内にあるもの、主観的なものである。この答えが主観的に導かれる場合には、観念や空想、自分自身への問いという形となって現れてくるかもしれない。

「私はこれまで自分のために働いたことなどなかった」「なぜ私は、かつての志を貫いて平和部隊に参加しなかったのか」。その答えはまた、旧友から突然電話がかかってきて彼が今どうしているか話しているときに浮かんでくるかもしれないし、新しいソーシャル・ベンチャー（社会変革を目指して、組織を作り活動すること）が危険な活動を行う若者たちを手遅れになる前に方向転換させたという感動的な話を伝えている新聞記事を、あなたが切り抜いているときに明らかになるかもしれない。

頭から離れない考えや着想であっても、日常生活の流れを妨げるような出来事であっても、これらはあなたへのメッセージのようなものである。これらのメッセージはふだん意識されている世界のドアの向こう側に立っており、あなたが関心を向けて、迎え入れてくれるのを待っている。では、問いかけてみよう。「私の人生の舞台の袖で出番を待っているものは何なのだ？」

私は先に述べた二つの問いを、自分に問いかける「問一と問二」と呼んでいる。なぜなら、一つ目の問いから始まる「手放す」プロセス、すなわち「終わらせていく」プロセスは、二番目のプロセス（「人生の次なる章を開始する」プロセスとでも呼ぼうか）に進んでいくためのスペースを空ける作業であるからだ。

現実には、人は、一つの問いからほかの問いへ行ったり来たりしている自分を見いだすだろう。ある時には、その問いの一つが差し迫った課題として焦点づけられ、またある時にはもう一つの問いがあなたの心を占めるだろう。両方ともきわめて重要な問いなのだが、ある時点ではどちらかが真の問題として感じられるのだ。

先に言及したように、個々人は「終わり」と「始まり」で連なる独自の物語を持っている。しかし人々の多様な人生の中に多くの類似点を見つけ出すこともできる。それらのいくつかについては、すでにスフィンクスの謎かけの中で触れてきた。この神話は、多くの人々の人生に現れる「人生の三局面のパターン」を理解するための手段として用いた。

これと類似したものに、人生を自然に移りゆく四つの時期（学生期《がくしょう》・家住期・林住期・遊行《ゆぎょう》期）として捉えるヒンドゥー教の考え方がある。これもまた、われわれが職業生活におけるトランジションを把握するためのレンズとなるだろう。

学生期を終え、親から自立する

一〇代後半から二〇代半ばにかけての期間に、たいていの人たちは目に見えないラインを越す。そのラインに達するまでの間は、「人生を生きていくための準備」をし、そのラインを通過したあとは、自らで人生を生きていくことになる。「準備中」という名の保護された水域をあとにして旅立つことをそれほど嫌がらないかぎり、人はやがて独立するだろう（ただし、人生の自然な転換期に訪れるこの大きなトランジションに困難がある人の場合は、この発達が遅れることはよくある）。

この時期に人生の新しい章へと進んでいく感覚は、初めて正式に就職すること（自分にふさわしい仕事を選択すること）、家を出て結婚すること、大学を卒業することなどの結果として生ずると思う人が多い。このような人は、変化の原因と結果を混同している。若者たちは内的変化を遂げているのであり、外的変化を引き起こす出来事は内的トランジションと、それによって開かれる新たな発達段階を明確に示し、象徴しているにすぎないのである。

アパートで独り暮らしを始めれば、分離、独立した個人が生まれるわけではない。しかし、もしもあなたがちょうどその時期にあなた自身の個性を発達させているところなら、この一人暮らしは非常に大きなことに感じられるだろう。人生のほかの時期に一人暮らしをすることは、正常だと感じられたり、悲しかったり、楽しかったり、奇妙に感じられたりするかもしれない。しかしながら、人生の内的発達課題が、子ども時代の依存状態をあとにして、「自分自身の世界」へと移行している時には、自分だけの居場所を見つけることが非常に意味のあるステップとなる。

トランジションがその役割を果たしていく上で、職業は切っても切れない重要な分野である。あなたが若者として、「正式に賃金が支払われる」仕事を持っていたとしても、そうでなかったとしても、その稼ぎは、その時、家族の生活を支えるためのものではなかったはずである。また、あなたのアイデンティティは、その仕事を通してあなたが生み出したものではなかっただろう。つまりほとんどの場合、あなたはまだ誰かの子どもだったのである。アパートでの独り暮らしをすることで自分が別人になったかのように感じられるように、自分自身の生活を支えるのに十分な仕事に就くことによって、自分が独立したかのように感じられるのだ。こういった自立は、両親への依存を「終わりにする」過程の一部である。

この時期に大きなトランジションがいくつか起こるが、それらはさらに大きなトランジションの一部である。人生の最初の季節が終わり、次は、世界があなたに何を期待していくのかを学ぶ時がやってくる。大きなトランジションに共通しているのは、その時期の成功は、かつて自分がいた世界を捨てることから始まるということだ。すでに述べてきたように、伝統的な社会（とりわけ部族社会）では、人々に、その時に起こっている内的トランジションを増幅し劇的な形で現すような特別な儀式を用意してきた。

すべての社会が、個人の自立が学生期から生ずることを強調しているわけではない。ときには、若者が単にその時点で大人の役を演じることもある。その場合、儀式はある種の人間（子ども）からほかの種の人間（大人）へ変容するための手段のように考えられる。その時点で、個々人の新しい役割の大部分は（それまでの役割と同様）すでに定められている。生まれ変わったその大人が、自分がなりたいものになるための選択権を持つことはほとんどなかっただろう。

それよりも、それぞれの人は社会が期待し求めるような人間になっていったのである。人生の第一四半期から第二四半期への転換期は、（われわれの社会のように）「選択の時期」と考えられていることもあれば、「古い子ども時代のアイデンティティを捨て、おおむね定められた責任を引き受け、大人の権利を有するための時期」として意味づけられていることもある。しかし、いずれにせよ、それは重大な発達上の転換期である。

家住期への移行

学生期の終わりに「家庭」を築く若者は大きな一歩を踏み出すことになる。もちろんほかの道もあるが、結婚によって他者と長期にわたる人間関係を持つことは、若者が本物の大人になっていくのを促進する。子どもを持つことを決断した場合には、なおさらである。若者たちは、ほかの誰かの世界の一部にとどまるのではなく、自分たち自身の世界を構築していくのである。

二〇代から五〇代にかけては（このラインを越えるケースもあるが）、たいていの現代人は働き、家族を養うという、大人としての「仕事」をすることになる。すなわち彼らは、古代ヒンドゥー教徒が「家住者」と呼んだ役割を果たしていくのである。つまりこれは、任務と責任の時期であるが、多くの現代人にとっては、単に「働く」だけではなく、仕事における「成功」を追及していく時期にあたる。

この期間の生活を通して、彼らは仕事そのものへの理解を深めていくとともに、職業上の専門性を身につけていく。仕事がある組織の中で行われる場合、彼らはたいていある程度定期的に昇進していき、より高いレベルの責任を負うことになる。

生涯におけるこの長い章は、二種類のトランジションで特徴づけることができる。一つ目は、個人が所属する組織内の変化が引き金となって生じたトランジションである（わが社が買収されたぞ！　上司が昇進してロンドンに転勤になったぞ！　連邦取引委員会が、われわれの方針を違法と裁定したぞ！）。そして、もう一つは、個人的な変化である。昇進や配置転換だけでなく、期待していた昇進がかなわなかったとか、職場内の親しい友人が早期退職したといった目立たない変化も生じる。これらの変化の一つひとつが、人をトランジションへ導いていく。しかし、組織がこのような個人の状況や心情を汲むことはほとんどなく、組織は当然のように個人に対してこれらの変化に適応していくよう要求するのである。

個人の職業生活の初期におけるこのような組織内の変化やトランジションは、自分の足で立つという大きな発達上の変化に反映していくことが多い。たとえば、昇進は、自らの独立を確固たるものに感じさせるかもしれないし、昇給は自らの個性を新たな形で表現する力を与えてくれるかもしれない。学生期の終わりは、数年に及ぶものになるかもしれない。人はその間に、いくつかの異なった仕事にチャレンジしてみたり、それらを辞めたり、あるいはその職場がやろうと決めたことができる環境かどうか試してみたりするだろう。この時期の職場におけるトランジションを経て、人はいわば発達上の「荷物」を運んでいき、それによって、自分自身が以前よりも強くなるように感じるだろう。

職業生活の初期と同様に、その終わりに向けたトランジションにおいても、われわれはこの社会の中で「退職」と呼んでいる重荷を負わされることになる。この時期は、まるで自分が少しずつ退職の準備を始めているかのように感じられるのではないだろうか。職業生活後期のトランジションのいくつかを開始させていく「終わり」の時期には、これまで自分を構成してきたかけらや各部分を少しずつ捨てていかねばならない。伝統的な通過儀礼などの公式のトランジションの仕組みを持たないわれわれは、伝統的な人々が享受してきた周囲からの支援だけでなく、そうした古い儀式が与えていた強い結団力さえも失った。われわれは、引き延ばされ拡散しがちな変容の時間を一つのイベントとして収束させる「力」を失ったのである。

家住期の終わり

現代人の職業生活は四〇年ほどである。しかしその中間点のどこかで、多くの人々はある感覚に襲われ、混乱期を迎える。ある人は漠然と、ある人は非常に激しく困惑しながら、「何かが変わった」と感じ始めるのだ。この時期に起こるのが、いわゆる中年期のトランジションである。ヒンドゥー教徒が信じるところによると、人々は「家住者」であることをやめ、内面的な探求・洞察の時期に入る。これを彼らは「林住期＝森の住人になる時期」と呼んでいる。

中年の危機を示す悪しき兆候——新車の購入、不意の離婚、態度の豹変など——は、この新たな局面の始まりを示すトランジションと関係している。一方、そういった変化は、「家住期」を終わらせ、森の住人になる時期に入るという真の挑戦を避けている徴候とも考えられる。真に挑戦すべきこととは、しばし立ち止まって、「家住者」としての表だった活動や忙しさよりも深い層に存在する本当の自分自身を見つめ直すことである。この時期に大きな変化を起こすことは、目の前にある本当の「仕事」を避けるための気晴らしになりかねない。このような行為は、たいてい、トランジションと向き合うというよりも、それを回避しようとしているサインである。

人間が発達していく物語の全章を生き抜くには、この時点で、自分がこれまで歩んできた道を振り返り、再評価する必要がある。ヒンドゥーの教えによると、人はこれに失敗すると、未解決の課題を残したまま職業生活の末期を迎え、その後の年月は千々に心悩まされることになる。ヒンドゥー教徒は、初孫の誕生が、森の住人になっていくトランジションにおいて重要な役割を果たすとしている。つまりこれは、この時期に、次の世代が家庭生活における「家住者」の務めを引き継いでいくという考えなのである。

われわれの社会においては、もちろん、こうした考えは奇妙に聞こえるだろう。立ち止まり、見つめ直すどころか、たいていのアメリカ人はこの時期にその山頂にある成功を掴み取ろうと挑んでいくのだ。しかし、たとえこの自然なトランジションの時を認識せず、これをキャリアプランの中に組み込まなかったとしても、この原理が存在していないというわけではない。それは、われわれの人生から消滅したわけでもない。ただ、このトランジションに直面した時に準備ができていないので、つまずいてしまうのだ。

事実、多くの人々の四〇歳あるいは四五歳過ぎの職業生活を区切るトランジションは、この自然なトランジションの時期が目に見えない形で布置されているのである。このトランジションがいかなる姿で現われたとしても――あらゆることが勢いを失っていく、事態が次第に悪化する、長年成果を収めてきた戦略が突然機能しなくなった、かつては光り輝き生き生きとしていたものに憂鬱な灰色の霧がかかったなど、この自然に訪れるトランジションの時期は（遅れてやってくることも多いが）、「終わり」、すなわち喪失感から始まる。

この「終わり」を受け入れれば、喪失感は空虚感や意味喪失感に変わり、これまでのあらゆる成果がなんら意味を持たないもののように感じられるようになる。そして、（自分の経験について話す勇気があるなら）われわれはこう言うのだ。「仕事は進むべき方向を見失っている」。そして、自分たちがやってきた仕事が間違っていたのではないかと疑い、十分な蓄えがないにもかかわらず、この時期に早期退職を考えたりするのである。

これらの疑問は、現在の社会状況にとらわれ、その根底に潜むパターンを見落とすことから生じる。このような時期に起こる感情は、儀式と無関係になり、もはや役に立たないものとして置き去りにされてきた「人生の通過点」のサインとして最もよく理解される。人生には自然な区切りがあって、その移行に沿ったトランジションを示す目印もある。けれども、われわれはこのような区切りに生じる感覚からあまりにも遠ざかってしまい、自分が見失ったものが何かさえも分からなくなっている。しかし、人生はその区切りを覚えていて……、われわれにそれを思い出させようとしているのである。

人生の最終章

現在、ベビーブーム世代の人々は中年期を通過しているところである。ご存知のように「現代の歳の取り方」や「新しい退職」を扱った書籍は多く出版されている。これらの書籍は、この時期は豊かになりうるものであり、望んでいないのであれば「仕事」をやめる必要はないというところで意見が一致している。

しかしそこには、この時期における「仕事」が、いったい何を意味するのかが書かれていない。報酬のためではなくボランティア活動のために時間やエネルギーを使うのも良いとは書かれているし、この時期は自分が本当にやりたいことを見つける時であり、「やらなければいけないことをやる」時期は終わったと謳われている。レクリエーションや旅行、孫たちと過ごす時間について語られ、食事や旅行、健康に関するアドバイスはされているのだが、職業生活における然るべき最終章をいかに創造するかについて、役に立つことはどこにも書かれていない。「退職」は、少なくともこれまで言われてきた定義を変えないならば、最終章にはならないのだ。

われわれがこの章で参考にしているヒンドゥー教の四つの発達段階（四住期）においては、最終四半期はサニヤーシンの時期（遊行期）とされている。サニヤーシンとは、森の住人の時期を経て、人生と自己について、過去のどの時期よりも理解を深めた状態で現われる人物である。家住期が学生期における学習の成果を反映するように、このサニヤーシンという最終章では、森の住人の時期に学んだことを明らかにし、他者に還元していくのである。[2]

この時期に彼らが学んだことは、トランジションと大いに関係している。なぜならあなたは今や自分自身がトランジションの産物であることを見いだしているからである。あなたのアイデンティティが存在しなくなると、それは新しい経験したことのない状態になる。これは、トランジションを通して、これまで大切だと思い抱えてきたものを手放すことによってのみ起こる。それから少しばかりの間待つ。そうすると、次にやってくるべきものが姿を現し、それが古いものに取って代わる新しいやり方、新しいアイデンティティとなるのだ。

この真理は、抽象的になら人生のより早期に学ぶことはできる。しかし、実際に何度も何度もこのような経験をしてこのことを身体で知っているのは、老人たちだけである。森の中で中年期に内的に発達していく作業を進めていく道を見つけた人は、人生の知恵を蓄えることを通して、トランジションのより深い意味、より精神的な意味を見いだす。その知を世界に還元することが、人生を締めくくる最終章ならではの課題である。

これこそが生涯にわたる職業生活の最終四半期における仕事である。この仕事を死ぬ前ののどの時点で終えるかを考えるのはつまらないことだ。大きく変化していく人生の流れを人々が理解するように助けること、すなわち「存在」が「手放す」ことにつながり、「手放す」ことから「空虚」が生まれ、「空虚」から「新たなエネルギーと目的」が生まれ、そこからまた「存在」が生まれるという周期的なリズムを人々が把握できるように助けることが彼らの仕事である。

老人は全体性に向かって成長すること、すなわち、すべてを（ポジティブなこともネガティブなことも）結びつけ、成熟した完璧さを備えた人間になることを志向する。私は『トランジションの方法 *The Way of Transition*』という著書でこのことを数々のトランジションを通して得た成果として記した。「手放す」ことが人生に対する適切な反応であるような時期を生き抜くことには、すばらしい価値がある。十分多くのトランジションを体験することによって、われわれはそれを理解するに至る。

これは重要なことであるが、若い人にわかってもらうには忍耐が必要である。老人は、人生がわれわれに届けようとしているメッセージが、いとも簡単に拒まれることを知っている。負けを認めようとしないと（スポーツや戦争ではそれが良いとされる場合もあるが）、相手は本来成熟するために学ばねばならないことを一生学べなくなってしまう。果物によってはある時期には（収穫せずに）放っておかねばならない。そうしないと、次の時期に花が咲かないのだ。年長者は、こういうことを若い人々が学ぶのを援助する必要がある。[3]

人生の最終四半期における仕事は、森で学んだことを説くことである。年長者は若い人々に自明の理を押しつけるべきではないだろう。そんなふうにすると、たいてい、単なる知恵として受け流される。老人は、若い人々が自分自身の経験から知恵を引き出す方法を見せねばならないのだ。

従来の「老後」の概念も変える必要がある。老人の創造的な暮らし方と言えば、年長者の延長雇用や、大学における生涯学習、若さを保つための食品やサプリメント、人生の最終四半期における安定した収入を保証する企業への投資などに限定されがちである。これらはみな、老人たちを、社会のためや自分自身のために成し遂げるべき仕事から遠ざける。職業生活の最終章では、報酬のある仕事かどうかわからないが、第三四半期で発見した成果を社会に還元していかなければならない。

ここで、第2章で述べたことを繰り返し説明したい。「重要なことは、一生の間に危機的な時期がきまって何回かあるのではなく、むしろ成人期には、勢いがある時と衰える時、変化の時と安定の時を繰り返すリズムがあるということである」。このリズミカルな成長パターンを段階ごとに説明する一覧表などどこにもない。成長の段階は人によってさまざまである。また、特定の個人の職業生活においても、ある一局面が何であるかを論理的な言葉で説明するのは難しい。職業生活がトランジションにある時には、答えにたどり着くプロセスと同じくらい、問いを探求するプロセスが手助けになるのではないかと私は思う。

トランジションの意味を考えてみよう

この章を終えるにあたり、人生や職業生活におけるトランジションやその意義を考察するのに役立ついくつかの問いをリストアップすることにしよう。[4] ともかく一、二時間をかけて、これらについてよく考えてほしい。それぞれの問いに対して浮かんできた答えを書き出してみよう。そうすることによって、自分の考えがまとまるだろう。思いを言葉にすると、気持ちが落ち着いて、心の中にあるものをより明確に捉え表現することができるだろう。

(1)あなたの職業生活がトランジションにあることを示唆しているものは何か

職業生活における変化は単なる変化にすぎないことを覚えておこう。トランジションのさなかにあるということは、それ以上の何かが自分の内側で起こっているということである。つまりあなたは、自分の考えや思い込み、自己イメージ、夢を手放すべき地点に到達し、人生のストーリーを次の章へと進ませていく時期を迎えているということである。

あなたは、前の仕事を辞めて次の仕事には就いていないかもしれないが、それがすなわち、トランジションを意味するわけではない。トランジションとは、自分自身の心の内なる「ニュートラルゾーン」から何か新しいものが生まれてきたとき、あるいは、そのまわりにあなたが新しい人生を築いていけるような何かが生まれてきたときに終わる。

「生まれてくるもの」とは、新しい仕事ではない（それは単なる変化である）。「生まれてくるもの」とは、自己に対する新たな感覚、あなたが対処する新たな現実、自分自身を前進させる新たなアイデアである。目下直面しているトランジションがどんなものか、できるだけ詳細に書き表してみよう。それはどんな感じがするのか、トランジションは自分に対して何をしているのか、トランジションによって考えさせられること、不思議に思うことは何か、思い出されることは何か。何か思いつくことがあったら、抽象的でも具象的でもよいので、自分自身のトランジションを描き出してみよう。

(2)職業生活におけるこのトランジションの発達上の意味は何だろう

人生のこの時期に直面している個人的な問題や職業上の問題を言葉で表わさねばならないとしたら、どうなるだろう。あなたの職業生活の最後の章にタイトルをつけるとしたら、それはどのようなものになるだろう。それから、今あなたがいるこのトランジションの導入部のタイトルは？　それを何と呼ぶことができるだろう。それからこれは難しいだろうが、あなたの職業生活における次の章のタイトルは？

「そんなこと、分かるはずがないでしょう！」

「そうですよね。分かっていたら、この本を読んでいませんよね」

確かにそうだろう。しかし、あなたはあるレベルでは次に何をすべきか知っているというふうに考えてみることはできないだろうか。「すべきこと」とはあなたにとって良いことではなく、人生の次の一歩を踏み出すために「起こるべきこと」である。

あなたはおそらく、職業生活における次章のタイトルをどうつければよいか分からないと思うだろう。しかし本当にそうだろうか。あなたは、受け取った情報を誤ったファイルに入れてしまっただけかもしれない。たとえば、「最近、夢見たこと」「魅力的だが、うまくいくはずもないクレイジーな発想」「最近読んでいることに気づいた本」などといった名前のファイルに綴じ込んでいないだろうか。

未来は朝刊のように運ばれてくるものではない。未来は別の形でやってくる。惑わされてはいけない。それほど多くの言葉では語れないかもしれないが、あなたは職業生活の次の章について、きわめて重要なことを知っているはずである。今、知っていることはどんなことでもよいので、すくい出してみてほしい。

(3)自分が老人になった時のことを想像してみよう

あなたが九〇歳になっているとしよう。未来のその場所から、あなたは今の自分自身を振り返るのだ。そしてあなたはそこから「今起こっていることは何なのか」「その後、物事がどのように進展したのか」を知る。また、あなたは、もしも自分が違う道を選択していたら、人生がどのようになっていたかも知る。

この地点を生かして観察すると、現時点のあなたの人生は、それまでと同じ方向に歩み続けるべき時期だったろうか。それとも、大きな変化を必要としている時期だったろうか。もしも後者であったなら、どのような種類の変化が求められていただろうか。九〇歳という地点から振り返ってみると、あなたは人生のこの時期に取るべきであった方向を示しているサインに気がついていただろうか。気がつきにくかったかもしれないが、サインは確かにそこにあったのだ。未来から振り返ってみて、あなたは現在の自分自身の状況をどのように感じるだろうか。

九〇歳のあなたは、混乱しているその時期の自分に同情するだろうか。それとも、当時の自分の愚かさにいらだつだろうか。九〇歳のあなたは、その後の物事の展開を嬉しく思っているだろうか。それとも「人生の分かれ道（今まさにあなたが立っている地点）での選択を誤った」

と後悔の念にさいなまれているだろうか。九〇歳のあなたは、現在のあなたにリスクを冒すように勧めたいと思うだろうか。それとも、すでに自分が持っているものに気づかせ、つまらないお菓子のためにリスクを冒すなどということはしないように言うだろうか。

これらの問いをもう少しだけ現実味のあるものにするために、少しの間、老いた自分、九〇歳になった自分の姿をありありと心に描いてみてほしい。目を閉じて、九〇年という歳月を生きた自分の手を想像することができるかどうか試してみてほしい。今の自分の立場が何であろうと、九〇歳になった時、自分の体をどう感じるだろう。

心の中で、老いた自分が生きている世界に人々を住まわせてみよう。そこには誰がいて、誰がいないのだろう。あなたはどこに住んでいるだろう。そこであなたはどんな日々を過ごしているだろう。あなたのいるその世界をはっきり思い描けるようになったら、さきほどは答えの出てこなかった問いに戻り、それらともう一度向き合ってみよう。そして、その世界に住む九〇歳の自分自身に答えてもらうようにしよう。

思い出してほしい。あなたは自分が思っているよりも多くのことを知っているはずだ！

第Ⅱ部　トランジションの過程

通過儀礼は人間の存在様式と深く結びついていて、現代人でも行動や身ぶりのかなりの部分は、はじめのシナリオを繰り返しているものだ。仕事の領域における「生き残るための戦い」「過酷な試練」「苦境」などもまた、ある程度は通過儀礼における試練の繰り返しである。

M・エリアーデ『聖と俗』[1]

若者の顔と体は粘土で白く塗られており、もはや二カ月前に村を出た彼とは、別人のようになっている。彼が受けた試練による傷（割礼と頬に走る二筋の傷）は今は癒えている。しかし、その傷跡を見れば、誰の目にも彼が試練を受けたことがわかる。それは、子どもから大人への境界線を越え、子どもの生き方を捨て去ったことの証なのである。

彼は孤独である。それは単に、彼の仲間や先輩との接触がなくなったからではない。彼は徹底的にラディカルな孤独を味わうのである。この期間中、彼はすべての他者との関係を絶つ。誰かがある地点を指し示し、「彼はそこにいる」といえるような地図はない。この期間、彼は存在しない場所にいるので、「そこ」と言えるような地点などないのである。

彼は、役割や人間関係や社会的習慣などの影響が及ばないところにいる。通過儀礼の長に教えられた仕草と詠唱で身を固め、誰にも触れられることなく彼は宇宙を自由に動き回る。日常生活の現実的な意味を生み出す力から離れ、存在そのものと向き合うのである。

夜になると、彼は夢を見る。時間も空間もない原初的な状況で見る夢は、謎めいた暗示や存在に満ちている。毎晩彼は、偉大なヴィジョン（幻像）を見られるように祈って床につく。こうして彼は、魂の導き手ないし守護霊に出会う。その声は彼の真の使命と本当の名前を告げる。その声はまた聖なる詩を教えてくれる。それを唱えれば、病は癒え、とうもろこしは見事に育つのだ。

このヴィジョンからメッセージを受け取ったことによって、彼は村に帰る時が来たことを知る。いまや彼は、新しい地位とアイデンティティにふさわしい権利と責任を身につけたのである。傷跡によって証を得、新しい知識によって力を得て、彼は新しい基盤に立って社会的秩序にふたたび参加する。彼は深い意味で、新しい人になったのである。

かつての彼は死んだ。通過儀礼の最初に行われた試練と死の儀式の中で、その人は葬られたのである。彼の両親は、彼が子ども時代に使っていた寝具を燃やして、その死を示した。村に戻った時、少なくともしばらくは、彼は自分の親が誰かわからないだろう。というのは、もはや彼はその両親の息子ではないからである。

村に帰ってきてからの最初の数週間は、彼は昔の名前を思い出しもしない。彼は生まれ変わったのだ。しばらくは、彼は幼子のようにふるまう。おそらく、食事や入浴の仕方などの基本的生活習慣も忘れてしまっているだろう。儀式の長と一緒に暮らすようになってから、ものごとを特別な新しい名前で呼ぶようになったので、幼いころから親しんだ物に対しても、以前の呼び名を思い出せない。彼は、ある程度、新しい言語を話すようになるのである。

若者は、トランジションの儀式によって教育され、一新される。日常の時間と空間から離れた場は、原初的カオスへの入口である。神は、そこからこの世を形づくった。被造物たる人間が信じているように、すべての新しい形態はカオスから始まったに違いない。

時間と空間におけるあらゆる裂け目（ギャップ）がカオスへの入口になりえる。そうした裂け目はあらゆるサイクルの最後に起こる。ある年やある季節の終わりに、ある長の統治の終わりに、人生のある局面の終わりに、自然や社会や人は裂け目に入り込んで、死を迎える。そしてしばらくして、生まれ変わる。それは生命が自らを維持する方法なのである。こうして、隠遁と帰還が、忘却と再発見が、「終わり」と「始まり」が繰り返される。このプロセスを通じて、人は古い生き方を新しい生き方に変え、生まれ変わっていくのである。

通過儀礼を体験した先ほどの若者の話は、いろいろなケースを合成したものである。[2] ある部族では、傷はつけられないが、歯が折られる。またある部族では、故郷の村から離れた荒野に一人ぼっちにさせられるのではなく、通過儀礼を受ける若者たちが集団で孤立させられる。またある文化では、儀式を執り行うのは、専門の祭司ではなく部族の長老たちである。ある部族では、裂け目が広がる豊かな土地に、長老たちが新たな知識の種をまく。また別の部族では、長老が若者に、ヴィジョンを見たり直感を得たりしてこの発見に至ったかどうかを委ねる。通過儀礼の詳細は部族や文化によってかなり異なっているが、一連のプロセスは共通している。

これらの儀式を、現代西洋人に最初に紹介したのは、オランダの文化人類学者、アーノルド・ヴァン・ジュネップであった。約百年前のことである。「通過儀礼」という用語をつくったのは彼であり、伝統的社会はそのような儀式によって人生のトランジションを構造化している、と指摘したのも彼である。[3]

彼はさまざまな儀式をいくつかのグループにまとめた。すなわち、誕生と死に関する儀式、思春期と結婚に関する儀式、族長の決定とシャーマンの誕生に関する儀式、男性ないし女性の

「秘密の会」への入会に関する儀式、季節の変わり目を迎えることに関係する儀式などである。そして彼は、これらの儀式は、「分離」「トランジション」「復帰」という、三つの局面で構成されていると考えた。

第一の局面で、人や集団は今まで慣れ親しんだ社会的な文脈から切り離され、象徴的な死を経験させられる。それから、彼が「ニュートラルゾーン」と呼ぶ孤立の時がやってくる。古い生き方をする人と新しい生き方をする人の間にある「誰でもない人の土地」に行くのである。そして、そこで期待された内的変化が生じると、その個人や集団は新しい役割を身につけて、かつての社会秩序に戻され、再統合される。それぞれの儀式によって強調されるところは違うけれども、これらすべての通過儀礼は、この三側面のパターンを見せるという点では非常に類似している。

ヴァン・ジュネップ以来、「通過儀礼」あるいはそれに類した概念に対して、一種の郷愁が生まれてきた。私たち現代人はたいていの通過儀礼を失ってしまった。多くの人がそのことに気がついている。われわれもまた人生のトランジションにおいて非常に苦しんでいるので、論理的に考えれば、儀式化されたトランジションを復活させることによって、状況を改善できるはずだと思う人もいる。

しかし、儀式は簡単には移植できない。通過儀礼は何かをするための技法ではなくて、何かの経験を拡大して見せるためのレンズなのだ。それは、死、カオス、再生という自然なパターンに焦点づけ、それらを見えやすくする方法である。こういった儀式は世界中で共通していると信じられている。そう信じなければ、何も見えてはこない。ある文化やそこに属する人々がトランジションをそのように捉えなければ、儀式は移植された臓器のように拒絶されるであろう。

単なる形式として通過儀礼を懐かしく思うべきだと言っているのではない。しかし儀式について理解することは重要なのだ。かつての文化においては、現代のわれわれの文化のように外的変化にかき乱されることはほとんどなく、個人的変容のダイナミクスが非常に鋭敏に把握されていた。通過儀礼はそのような文化の中で発展してきたので、それは人間の自然な変化の過程の見事な記録となっている。

われわれの文化が持つ「革新と発展」という魅力こそないけれども、かつての文化は内的なトランジション・プロセスを理解する点ですばらしく洗練されていた。通過儀礼は一見奇妙な形をとっているが、これらの儀式は、われわれの苦しい体験を構成する要素をうまく名づけている。われわれの苦しみや困難は、そうした名前が失われたからこそ生じているのだ。

これから私たちは、トランジションの三つの自然な局面を検証することによって、これらの文化の導きについていくことにしよう。

「終わり」「ニュートラルゾーン」「新たな始まり」という個人が発達していく上で通過する三つのプロセスをより詳細に検討すれば、それぞれのトランジション経験がなぜそのような形をとるのか、どうすればもっと建設的に対処できるかがわかるだろう。古代人が知っていたように、トランジションは人が発達していく道筋なのである。

第5章　何かが終わる

われわれが始まりと呼ぶものは、しばしば終わりでもある。何かを終わらせるということは、何かを始めることである。終わりとは、そこからスタートする場所である。

T．S．エリオット『軽いめまい』[1] 四つの四重奏

最初の局面としての「終わり」

人は生きていく過程でいろいろな「終わり」を体験しなければならないが、考えてみると、終わりをうまく処理できないことがずいぶん多いものだ。深刻に受け取りすぎたり、軽々しく扱いすぎたりするのである。深刻に受け取りすぎると、それを決別のように思って混乱しがちである。「もう、これまでだ」「何もかもおしまいだ」「取り返しがつかない」「最期だ」というわけである。

われわれはそれを続きのないものと考えてしまう。しかし、それはトランジション・プロセスの最初の局面であり、自己再生の前提条件なのだ。また、終わりを軽々しく取り扱ってしまうこともある。「終わり」が恐ろしいので、それを避けようとするのである。

再婚したばかりの男性が、今度の結婚について話すためにやってきた。「僕は過去については話したくない」と彼は言った。「僕は現在と未来のことを話したいのです」。彼の言う「現在」が、いまだに手放せない「過去」であることを、どのようにしてわからせたらよいだろう。彼の現在の妻は、彼の気持ちがまだ前の妻に結びついていると嘆く。しかし、彼は反論する。「そんなことないよ。僕は僕たち二人のことだけ考えているよ。彼女がしたようなやり方で君が何かをすると、僕は本当に困るんだ。僕は変えたいんだ」。しかし彼は、その過去のやり方については話したがらない。

そこで、私はある物語を話してみた。

昔、二人の僧侶が田舎を旅していた時、豪雨にあいました。ある小道を曲がると、行く手は泥水が川のように流れていました。そのそばに、ふわっとした服をまとった美女が立っていました。一人の僧侶が「向こう岸まで運んでさしあげましょう」と言って彼女を抱きかかえ、川を渡りました。少し高い土手に彼女を降ろすと、彼は仲間の僧侶とは何も話さず、丘の上の大修道院へ向かいました。

その夜遅く、もう一人の僧侶が突然こう言いました。「僕は君がまちがいを犯したと思う。今日の旅で女性を抱きかかえたことだ。僕たちが女性に触れてはいけないことを、君は知っているだろう。それなのに、君はあの女性を抱き上げた。あんなことをしてはいけなかったんだ」「おかしなことを言うね」と、女性を運んだ僧侶がいった。「僕は、ただ川向こうに彼女を運んだだけだ。君のほうこそ、まだ彼女をひきずっているんじゃないのかい」[2]

私がなぜこの話をしたかわかったかなと思って、私は彼の顔を見た。しかし、彼はわかっていないようだった。彼は今回の結婚について話したがり、前の結婚に関する私の質問にはいらだった。彼は、始まりがうまくいくことだけを望んでいた。「終わりなんて、くそ食らえ」というわけだ。

誰でも、この男性のように感じることがある。しかし、何であれ、新しいことにとりかかる時には、「終わり」を処理する必要がある。新しく育つものは、古いものでおおわれた場所には根づかない。「終わり」は、過去の習慣、生き方、物の考え方を取り除くプロセスである。現代では、「終わり」は、儀式や公式に定められた通りにやってくるのでなく、突然、予測できない形で襲ってくる。しかも、そこに積極的な意味を見いだすことはほとんど不可能である。われわれは普通、「終わり」はできるだけ早く簡単にすませて、次に進みたいと思うものである。

「覆水盆に返らず」「過去は過去」「終わったことをほじくるな」などの諺《ことわざ》には、そういう気持ちが現れている。

最初のセミナーで、「終わり」について話すことに反論したある母親の言葉にも、こういった態度が反映している。彼女は、子どもを産んだばかりだったので、声を荒げて言った。「私は子どもを大学に送り出そうとしてるんじゃないんですよ。これから赤ん坊の抱き方に慣れようとしているんです」。また、大きな昇進をして新しい役職に慣れようとしていた男性も、「終わり」に対するわれわれの関心を奇妙に思っていた。彼はいぶかしそうに「私の場合、終わりになったのは安月給と低い地位なんですけど」と言った。

しかし、話が深まるにつれて、二人は「終わり」が現実に起こっているだけでなく、それを理解し評価することが大切だということを見いだした。というのは、彼らは新しい「始まり」にとまどっていたのではなく、それまでの生活が終わることで混乱していたのである。

通過儀礼から学べることの一つは、「終わり」が象徴的な死を伴うということである。セミナーの中で母親になったばかりの女性が「私はバラバラになっていく」と叫んだ時、彼女は真実を語っていた。それまでのアイデンティティ、「自分」のイメージが崩れていったのだ。彼女は、人生がうまくいかないのは、どこかおかしいところがあるからなので、どこかを部分的に修理すればよいと考えていた。

しかし、彼女はすぐに、修理するだけでは不十分だと気づいた。彼女が求めつづけてきた良いアドバイスは、もう間近にあった。というのは、彼女に本当に必要なのは、かつての彼女自身を葬り去って、新しいプロセスに入るにはどうしたらいいかを見いだすことだったのである。

古い通過儀礼は、今日では非常に珍しくなってしまった社会的な現実と神話的な想像に依拠しているけれども、一つの答えである。通過儀礼はまた、自然な「終わり」のプロセスを教えてくれるし、儀式化されていないわれわれの社会にも等価な経験があることを示唆している。ここでは自然な「終わり」の五側面を取りあげて、そのことを考えてみよう。すなわち、離脱、解体、アイデンティティの喪失、覚醒、方向感覚の喪失である。

離脱（disengagement）

伝統的社会ではどこでも当然のこととされているようだが、内的トランジションを経験する時には、それまでずっと慣れ親しんできた場所や社会的秩序から引き離される必要がある。通過儀礼を受ける若者は、ときには強制的に家族から離され、森や砂漠に連れて行かれる。優れたシャーマンは、郷里を後にして、長く苦しい自己発見の旅に出る。同じようなことが、結婚、秘密結社への入会、年長者で構成されるグループへの参加、それからいよいよ死と向き合う時など、人生のトランジションの時にも起こる。

古代の物語には、この離脱の段階のテーマがしばしば現れる。キリストは荒野で四〇日の旅をしたし、テセウスは住み慣れたトロイゼンを後にして、アテネに向かう試練と苦行の旅に出た。このような物語では、離脱はしばしば本人が望まないのに、あるいは何か別の目的を果たそうとした時に行われる。このような時には、通常の意識では離脱の必要性が把握できないので、人々はまるで離脱を求めていないかのように行動しなければならない。

予言者ヨナはタルシシに行こうと、仕事を放り出して海に向かった。エディプスは呪わしい運命から逃れるために家を出るが、逆に、その道すがら、その運命に出会ってしまう。ヨナもエディプスも、運命と反対の方向に最初の一歩を踏み出したつもりだったのに、結局は運命のほうに向かっていた。そして、二人とも、人生のトランジションにおいては、どんな環境であれ、慣れ親しんだ社会との絆を切るのが自然の成りゆきであると知るのである。

われわれにはもはや神託やヴィジョンはない。少なくともふだんは、そのようなものはないと思っている。ある朝、通過儀礼の祭司がやってきてベルを鳴らし、「君の番が来たよ」と言うことはない。しかし、それでも同じようなことは起こる。希望している時も不本意な時もあるが、われわれはそれまで大切にしていた活動や人間関係や環境や役割から周期的に離脱することに気づくのである。しばしば困惑させられるこれらの喪失が、個人的トランジションを象徴し、それが始まる前兆だとしたらどうだろうか。

喪失を体験したばかりの人に対して、そのように問いかけることはしばしば無駄であるし、残酷でさえある。解雇されたり、親を亡くしたり、心臓マヒにあったばかりの人たちは、象徴的な出来事が持つ意味を聞く心の準備ができていない。まして、「これらは前向きな現象かもしれない」などという言葉を聞く耳は持たないだろう。しかし、そのような人たちも、もっと後になると、しばしばそうした結論に達するものである。コニーの場合もそうだった。

彼女ははじめ、セミナーのあとに私のところに来て、夫が中年期の危機のあらゆるサインを出しているので、とにかく、夫と話してくれないかと頼み込んできた。夫のほうは自分では何もおかしいところはないと思っていたので、セミナーには来ていなかった。その前夜、彼は彼女にこう言った。「ちくしょう！　ようやく人生の意味がわかってきたのに。これからの残りの人生を決められた通りに行くのなんて、まっぴらだ」

ほんの数分話し合った中で、私は、助けを求めない人に対しては援助しようとしてもなかなかうまくいかないことを、いつものように説明した。そして、彼女自身が今、人生の中でどこにいるのかという問題についてなら、助けになるかもしれないと言った。彼女は困惑しているようだった。明らかに、私はお手上げだった。

三、四カ月後に彼女にばったり会った時、すべてはバラバラになっていた。彼女の夫は、ある晩、突然家を出て、今は近くの町に住んでいた。それから数週間の間に、二人の間で電話による激しいやりとりがあり、お金と子どもについての殺伐《さつばつ》とした交渉とともに、離婚話が進んでいった。コニーは悲しそうに言った。「ここまできたら、まだ終わってないなんてふりはできないわ。だけど、終わらないようにできることがあれば何でもするわ」

この時点では、われわれはまず実際的なことを話し合った。すなわち、離婚について子どもたちにどう話すか、仕事をどうやって探すか、彼女の両親をどうするか、社会生活をどう再開するかというようなことである。しかし、話題が離婚の真意に向けられるたびに、彼女は怒って言った。「彼に聞いてごらんなさいよ。すべて彼のせいなんだから」

しかし、やがてこの態度は変わっていった。彼女は彼女が失ったものについて語り始めたのである。一つには、彼女は安定した生活を失ったが、それは一家の収入をすべて夫に依存していたからである。彼女は伴侶も失った。夫はたびたび出張に出かけたが、そのときでも彼女は今のような「世界の中でたった一人ぼっち」と感じたことはなかったのである。

彼女はセックスのパートナーであり、そして批評家であり指導者でもあり、かけがえのない親友でもあった人を失ってしまったのだ。私がこれらの喪失についてもっと深い説明を促すと、彼女は悲しげだが穏やかに、こう言った。「女性として、人間としての私の自尊心は、すべて彼の私に対する反応と結びついていたんです。私は夫を失っただけではなくて、自分自身を評価する手段を失ったんです。彼は私の鏡だった。今では、私は自分がどんなふうに見えるのかわからないわ」

この喪失が最も重大であるからといって、ほかの喪失の深刻さを過小評価しているわけではない。また、彼女の言う「鏡の喪失」が成長の機会を意味しているからと言って、その深刻さを過小評価しているわけでもない。彼女がそれを成長の機会と呼べるようになるまでには、長い時間が必要だった。というのは、悲嘆のプロセスは、ときに、とてもゆっくり進むからである。しかし、数週間のうちに、彼女は、「自分がどうすればよいのかをもはや他人に聞く必要はない」という感じを、ときおり持てるようになったと話し始めた。この感じは彼女の中で育っていき、彼女はそのことをより頻繁に話題にするようになった。

そして、ある日彼女は、離婚が彼女の人生の中で偶発的に起こったものではなかったと思うと言った。「もう少し早かったら、私は心の準備ができなかったでしょう。そしてもう少し遅かったら、二人の関係にとらわれてとても絶望的になり、それが壊れた時に、死んでいたかもしれません。ほんとに、ちょうどいい時に離婚したんです」

コニーのトランジションは彼女の人生の転換点になり、彼女を以前よりも強く、活発にした。そのトランジションは「終わり」から始まり、「終わり」は離脱から始まった。コニーは夫と離婚することで、自分自身を知るための慣れ親しんだ方法を奪われたが、その結果、二人の関係の中では見つけにくかったものを見いだすチャンスが生まれたのである（これは離婚が必要だと言っているのではない。いくつかの意味のある離脱が、彼女を変える重要な要素になったというだけのことである）。

離婚、近親者の死、転職、転居、病気、その他多くの小さな出来事が、それまで自分を位置づけてきたなじみ深い文脈から、われわれを離脱させる。それらの出来事は自分の役割を強化し、行動をパターン化するのに役立った古い手がかりのシステムを壊してしまう。

それは、古いシステムが壊れたので新しいやり方を考えねばならないという性質のものではない。経済秩序が崩壊すれば物々交換するしかないかもしれないが、そういう変化ではないのである。むしろ、ここで起こっているのは、あるシステムが機能しているかぎり、メンバーの誰もが、別の生き方や別のアイデンティティをイメージすることが非常に困難になってしまうという事態である。しかし、離別によってはじめて、容赦なく変化のプロセスが始まる。そしてその変化は、明確にされ、道をつけられ、支えられることによってはじめて、成長や再生に結びついていくのである。

解体（dismantling）

自分にアイデンティティを与えていた人間関係や社会という古い環境から切り離される場所からトランジション・プロセスは始まるのだが、「離脱」はこれまで受け取れていたサインやシグナルを受け取れなくさせるだけで、そうしたシグナルに対する反応としてあなたが築いてきた人生の基礎構造には影響しない。「離脱」は一瞬にして起こる。「僕たちはもうおしまいだ！　僕は出て行くよ！　じゃあね！」といった具合である。しかし、自分をこれが自分だと感じさせてきた古い習慣や生き方、行動パターンは、徐々に「解体」するしかない。一度に一つずつ取り除いていかねばならないのだ。

精神科医エリザベス・キューブラー＝ロスの功績のおかげでもあるが、近年、「悲嘆のプロセス」における諸段階という言葉をよく耳にする。これは、否認から始まり受容で終わる一連の感情状態の変遷であり、喪失と折り合いをつけようとする人たちが進む典型的なプロセスである。だが、もう一つ、これと似ていながらも性質を異にする別のプロセスが存在する。これについては、これまであまり論じられていない。というのは、このプロセスはどちらかといえば認知的なもので、さほど感情的なものではないからであろう。

すなわちそれは、トランジションのさなかにある人々が、徐々に自分自身を集団の中の一人としてではなく、一個人として捉え始めていくプロセスである。これを「喪のプロセス」と呼ぶことにしよう。この流れにおいては、非常に多くの感情がわき起こったり、感情によって節目をつけたりすることもしばしば起こるが、このような感情はあくまでもそのプロセスへの反応であって、そのプロセスそのものではない。

多くの人々は、ものごとの終わりに際して、生じてくる感情とこのプロセスを区別しない。そのため、喪失によって感情反応を示している人は重要な内的作業をしているのだと考え、感情を表さない人は内的作業も行っていないと考える。私たちは悲嘆が形式化された形で表現される社会に生きており、その形式に従うことが喪失体験を乗り越えるのに役立つと思っている。

この場合見落としがちなのが、通過すべき実際的な段階を提供するもう一つの処方箋とその実践である。亡くなった人のために三日間通夜をする。死から三〇日後の夜、儀式をとり行う。一定期間は黒の衣服だけを身につける。命日には追悼の儀式を執り行う。このような形を取りながら、われわれは、ゆっくりと、故人との関係を解体・解消し、さらに、喪った関係性やアイデンティティを解体・解消していくのだ。

『トランジション *Transitions*』の最初の出版からこの改訂版までの期間に私の人生に起こった大きなトランジションの一つは、前妻を癌で亡くしたことである。この経験とこれが私に与えた影響については、『トランジションの方法 *The Way of Transition*』の中で詳述したのでここでは繰り返さないが、一つだけ述べるとすると、まったく不意に訪れたこの死と向き合っていく作業が、自らが築き上げてきた古い世界とアイデンティティを解体していく長くゆっくりとしたプロセスであったということだ。

皮肉なことにも、このころ私はちょうど家を改築しているところで、一人居間に座っていた。周囲には、ボルトや壁板、頭上を交差する電気配線、当時、床に段差をつけようと設計していた板の割れ目などが見えていた。椅子に腰掛けて私は思った。「なんと完璧なメタファーだろう！　私の人生が解体されている時に、私の家が解体されていく！」。今でも当時の様子を思い出すことはできるが、日々そこで暮らしていく中で、その姿は新しい「構造」に覆われ、置き換えられていった。

家の改築を経験したことのある人は、個人的なトランジションについてよく知っているはずである。なぜならこの作業も同じく、三つの部分から成るトランジション・プロセスを経るものであるからだ。これらはまず「終わる」ことや過去を破壊することによって始まる。やがて、もはや古いやり方とは言えないのだがまだ新しいやり方にもなっていない、そんな時期がやって来る。「解体」はまだ続いているのだが、そのことによって新しいものも建ってきている。この時期には大いに混乱が生じるので、この一時的な状態（ニュートラルゾーン）に対処するための臨時のアレンジをするとよいだろう。仮住まいをする、行動パターンを見直す、古い住宅設計へのとらわれを減らすなどである。請負業者から再三強調されるだろうが、改築は新築工事よりも時間とお金がかかる。トランジションも同じである。

アイデンティティの喪失（disidentification）

世界との古いつながりを断ち切る時に、また、この古いつながりの中で求められていた内的構造を解体する時に、人は自己を定義するための古い手段も失ってしまう。コニーの表現を借りれば、夫との離婚によって「鏡をなくしてしまう」のである。人によっては、行動やアイデンティティを規定してきたそれまでの役割が失われたとか、ものごとの名前を示す慣れ親しんだラベルがなくなったと感じることもある。いずれにせよ、トランジションのさなかにいる人々の多くは、「もはや自分が何者であるのか分からない」といったような体験をするのである。

多くの通過儀礼のプロセスにおいて、このような体験を引き起こす儀式は重要な部分を構成している。剃髪や特殊な化粧をすること、仮面や奇妙な服装を身につけること、あるいは真っ裸になること、古い名前を捨てることなどによって、彼らは古いアイデンティティの印を取り去られ、一時的にアイデンティティのない状態に置かれるのである。

このことがしばしば大きな苦悩をもたらすのは、職業上のトランジションが生じた時や、古い役割や肩書きがその人のアイデンティティの重要な部分を占めていた場合である。それらの喪失の衝撃は、予想よりもずっと大きなものになるに違いない。

私の体験を例にとると、私は教職を辞める時、この喪失についてよくよく考えた。そして、「これだけ考え抜いたのだから、『もう教師じゃないんだ』という感覚になじんでいるはずだ」と確信していた。そのころ、末の娘が学校から帰ってきて何気なく私に聞いた。「お父さん、今は何をしているの？」。私は言葉を選んで、長々しい説明を始めた。娘は、その問題に対してすぐに興味をなくしてしまった。私はこれまでどういうふうに教師をしていたか（現在のことが明瞭ではない時は、過去のことのほうが話しやすい）、今はどうして講師や執筆家やカウンセラーやコンサルタントをしているのかについて話した。

そして、彼女のことをそっちのけにしていた自分に気がついたので、私は娘に言った。「なぜそんなこと聞くの？」「ええ、学校でね、みんなのお父さんが何をしてるのかっていう話をしてたの。そのとき、私、何て言っていいのかわからなくなっちゃったの」

このことで私は何週間も悩んだ。私は自分の一時的なアイデンティティ喪失に満足しているつもりだった。しかし、子どもたちによって、自分が傷つきやすくなっていたことに気づかされた。子どもたちは、私が何をしているかだけがわかればよいのであって、別にその仕事が何であってもよかったのである。

時間がたつにつれて、私は名詞のアイデンティティよりも、「～しているところ」という感じのアイデンティティが好きになってきた。つまり、そのときどきで、「庭仕事をしている」「執筆している」「走っている」「講義している」私がいるという感じである。しかし、子どもたちが名詞を好むということが、いつも私を悩ませたことは認めざるを得ない。そして、子どものそういう気持ちは、わかりやすいラベルの安全性を捨て去ったにもかかわらず、いまだにそれを希求している私自身の心の一部に呼応しているのである。

教師、大学教授、ミルズカレッジでアメリカ文学を教える「オーレリア・ヘンリー・ラインハート記念講座」教授。ああ、それらは過去のことだ。今は庭仕事をして……、走って……（ブリッジズ氏に何が起こったとしても、とにかく彼はそうしているのだ……）。

その一方で、そのころ私は、自分が秘密の通過儀礼を受けているのだと想像して楽しんでいたりもした。社会的アイデンティティの世界からみると、私は「もぐり」であった。私は狭い路地に住み、闇に乗じて活動した。私が通過儀礼を受けていることを示す印は隠され、秘密にされていた。

しかし、私は人生の次の段階――適切な言い方がないので「中年期」としておくが――に進むために、イニシエーションを体験していたのである。私はロブスターのように古いアイデンティティの殻を脱いだ。けれどもまだ柔らかく傷つきやすい状態なので、私は岩陰にじっとしていた。やがて私は新しい、より自分にあったアイデンティティを身につけるだろう。しかし、しばらくは、ゆっくり動かなくてはならないのだ。

なぜ、「終わり」のプロセスの重要な一部に、アイデンティティの喪失が含まれているのだろう。私は、それを真剣に考えたほうがよいと思った。古いアイデンティティは、トランジションの過程で、変容や自己刷新の過程で、明らかにわれわれの前に立ちはだかってくる。

エリック・エリクソンは、西部の町のバーのカウンター越しに皮肉な格言が書かれているのを見たと言う。その言葉を、私は意味深く味わう。「私は理想の私ではない。私は将来の私でもない。しかし、私は過去の私でもないのだ」

そう考えたとしても、アイデンティティ喪失を笑えない事態がときには起こる。ボブの妻でなくなったこと、会社員でなくなったこと、古い自分や若者でなくなったことは、パニックを引き起こす。そういうときこそ、アイデンティティ喪失の重要性と自分を縛っているイメージをゆるめる必要性を思い起こすべきである。そうすれば、トランジション体験を通じて、新たなアイデンティティを獲得する道が開けるであろう。

覚醒（disenchantment）

かつてのアイデンティティや状況や、その重要な側面から引き離された時、人は天国と地獄の間をさまよっているような感じに襲われる。しかし、その人の頭の中にはまだ、「ものごとはこうなっているのだ」というかつての現実感覚が残っていて、それが仮定と期待のかすかな糸で、人を過去の世界に結びつけている。明日も太陽は昇るだろう。母は私を愛している。われわれが民族は生き残るだろう。神は正義である。それらはその通りであり、そうでなければ、われわれの世界はもはや現実ではない。しかし、ある意味で、その人の世界がもはや現実でないと気づくことが、「覚醒」なのである。

伝統的な通過儀礼の中には、覚醒体験が巧妙に組み込まれていた。[3] アフリカのンデンブ族の治癒儀礼では、その儀式のはじめに、患者はジャングルに住む「カブラ」と呼ばれる幽霊の前に連れて行かれる。そして突然、彼らはその化物を棒で叩いて殺すように言われる。そして最後に、患者は自分が叩いていたのは布をかけた木枠であって、その中に人が入っていただけなのだと種明かしされるのだ。

類似したプロセスはほかの通過儀礼でも見られる。ホピ族の若者は、畏敬の念を抱く「カチナ」（近所の人や親戚が演じた）が最後に仮面をとるのを見せられた。オーストラリアのアボリジニでは、通過儀礼を受ける者は、偉大なる精霊ドゥラムーランの恐ろしい音を聞かされたのだが、後にそれがうなり板や皮の上の木片の音だったと知らされるのである。

誰でも子どものころに、幻から目覚めた体験をもっているだろう――サンタクロースはいないんだ。両親だって嘘をついたり、つまらないものを恐れたり、馬鹿なことをしたり、くだらないものが好きだったりするんだ。親友に失望することもあるんだ。

しかし、これらの覚醒は子ども時代にだけ起こるのではない。それは、今でも続いている。人生には、幻想からの覚醒が絶え間なく用意されているのだ。その多くは些細なことだが、いくつかは重大である。恋人は裏切り、指導者が汚職をし、アイドルがけちでつまらない人間だとわかり、組織が信頼を裏切る。われわれは、自分がそういう人間ではないと言い、自分でもそういう人間ではないと信じている。しかし、何より悲しいことに、自分がまさにそういう人間にすぎなかったということに気づかされる時がくるのである。

これらの例からもわかるように、幻想からの覚醒は、はじめは何かを思い切って信じてしまう人間には、生涯繰り返し訪れるものなのである。

意味あるトランジションの多くは、覚醒を内包しているだけでなく、覚醒から始まるものである。しかし、終結のプロセスのほかの側面と同様に、覚醒体験の意味を理解するには時間がかかる。浮気の証拠になるようなラブレターを見つけたり、解雇されたというニュースを聞いたそのときには、古い現実も新しい現実も言葉にできない。

しかし、後になって思い返してみるのは重要なことである。というのは、アイデンティティや人間関係を伴う現実においては、新しくなるためには、古いものを一掃しなくてはならないからだ。人間の心は、新しいワインを注ぐ時には、空にしなくてはならないグラスのようなものなのである。

このプロセスを単に自然な、個人的に意味あることとして受容するのは難しいことである。というのは、われわれの文化は、成長とは何かが加わるプロセスだと見なすからである。学生は、二年生になるために、一年生で習ったことを忘れてしまわねばならないということはない。教会に通うために、日曜学校を忘れる必要などない。聖パウロ（ユダヤ教徒から回心し、新約聖書の書簡の多くを書いたとされる）は「子どもじみたことは捨て去りなさい」というけれども、普通は、成熟のためには古い信念を捨て去らねばならないと考えているわけではない。けれども、実際の終結のプロセスは、「成長とは増加を意味し、喪失とは無関係である」という、ほとんど疑問をもたれることのなかった信念を打ち破るのである。

西洋的なものの考え方は、長年このようなものであった。オデュッセウスが現実はそのようなものだという信念を捨てるのに、どれだけ大変だったかを思い出してみればよい。彼にとって世界は戦場で、武装と闘争が要求されるものであった。彼はその法則のもとでは勝者であった。だからこそ、スキュラとカリブディスが住むメッシーナ海峡やイスマロスで、突然その原則が通用しないとわかった時、彼は何を信じていいのかわからなくなったのである。彼は、トランジションの最初の課題は、新しいことを身につけることではなく、古いものを捨て去ることだと気づいたのだった。

覚醒のプロセスは、古い現実は頭の中にあって、外部にはないのだということを理解することから始まる。単にポジションを切り替えるなどというレベルでなく、人間が本当に変わるためには、それを正しく認識することが必要だ。

完璧な両親、崇高なリーダー、申し分のない妻、本当に信頼できる友、こういった配役は心の中に住んでいて、現実世界でそれを演じる人を待ち望んでいるのである。ある人は誰かに老賢者の役を演じてもらうことを期待し、ある人は忠実な従者役にふさわしい人を探し求めている。役者が全員そろえば、見事なジグソーパズルが出来あがるわけである。

おおよそ人間とはそういうものである。けれども実際には、考えている以上の、あるいは考えたくないようなギャップが生じている。この誤解を持続させているのが魔法であり、呪文である。昔にかけられた魔法から目覚めるのは稀だ。多くの場合、魔法はうまく効いているのである。

しかし、人生の転換点が来ると、魔法は効かなくなる。そのときは、まるで、誰かのトリックにだまされたような感じがするものだ。それまでいつも見えていた世界は、魔法によって生み出された「現実」だったのである。それまでは、自己イメージや外的状況に対応していたけれども、それが変われば、自己と他者に影響を与えずにはおれないのである。

小さな失望であろうと大きなショックであろうと、覚醒は、ものごとがトランジションに向けて動き始めたサインとして捉えるべきである。そのときに考えねばならないことは、魔法ともいえる昔の考えや信念が、自分や他者についての現状よりも深い認識を妨げる手段として使われていなかったかどうかである。

覚醒されていく「現実」には多くの層があり、正しくない層などない。それぞれの層はそれぞれの知的・精神的発達の局面にふさわしいものである。覚醒体験は、それまで理解していたよりも深い層の現実を見るべき時がきたというシグナルなのである。つまりこれは、「物事をより深く捉える準備が整った」というサインなのである。

覚醒体験に対してこのような視点を持っていないと、大切なポイントを見逃して、単に「幻滅」してしまうことが多い。覚醒がうまくできた人は、かつての物の見方に昔は満足していたが、今は満足していないことに気づく。「私には、夫（友だち、先生）が絶対に信頼できる人だと思い込む必要があったんです。それが、人生、何が起こるかわからないという不安から、私を守ってくれたのです」

一方、幻滅を体験した人は、新しい認識が生まれるのを拒絶する。彼らは新しい夫と結婚したり、新しい上司のもとで働くが、人間関係に対する甘い幻想は昔のままなのである。

覚醒する人は前進するが、幻滅する人はそこに留まって、同じことをただ役者を変えただけで繰り返す。こうして、幻滅する人は「本当の」友だち、「完全な」夫や妻、「絶対に信頼できる」先生を求めつづける。彼らは同じ円の上を回るだけなので、真の前進や本当の発達は生まれないのである。

方向感覚の喪失（disorientation）

どのような「終わり」でも、それまでの「現実」は、壁にかかった絵のようなものではない。それは、どの道が上り坂でどの道が下り坂か、どちらが前でどちらが後ろかについての現実感覚、つまり、自分がどこにいて、どこに行くのかを教える方向感覚なのである。

昔の通過儀礼では、トランジションを受ける人は、住み慣れた経験世界の境界を越えてなじみのない領域に連れて行かれ、しばらくの間、そこに置き去りにされることが多かった。自分の位置を知るための目印はどこにもなく、方向を示す手がかりといえば太陽や星だけなのだ。そのような外的・内的状況をつくり出す目的は、アメリカの詩人ロバート・フロストの言う「自分自身を見いだすのに十分なほど、道に迷う」ことである。

「終わり」のプロセスのほかの側面と同様、われわれの多くは、方向感覚の喪失をこれまでに体験したことがある。離脱・アイデンティティ喪失・覚醒の過程を歩む時、人はさまよい、混乱し、自分がどこにいるのかわからなくなる感じにとらわれる。人生が「どこかに向かっている」という古い感覚は崩壊し、実存の海で座礁した船の乗組員のような心境になるのである。

方向感覚の喪失によって、最初に最も被害を受けるのは、将来に対する感覚と計画であると思われる。解雇されたり（離脱）、最後の昇進のチャンスを逃したり（覚醒）した人は、もともと持っていた目標や計画に対する意欲がなくなるのが、自分でもわかるだろう。この動機と方向感覚の喪失は、本人と周囲の人にとって脅威になる。実際、その喪失がその人の基本的な生き方を脅かすようなら、かなり危険な事態が生じることがある。

そのような状況で、過去を振り返って、方向感覚の喪失をできるだけ肯定的に捉えようとするのはまちがっている。そのトランジションのさなかにいる伝統的社会の人は、方向感覚の喪失を楽しんでもいないし、喜んで受け入れているわけでもなかった。彼らは「仕方がない」から、その苦痛に耐えていたのだ。あるいは、自分が「死と再生」のプロセスにいることを信じていたから、それに耐えられたのだ。再生が信じられれば、その苦痛を快適なものに変える必要を感じなかっただろう。

しかし、現代人の多くはその信念を持っていない。そこで彼らは、絶望と期待の間を揺れ動き、暗闇の中でマッチを灯し、恐さを紛らすために口笛を吹きながら、前進しつづけるのである。

私がここで方向感覚の喪失や「終わり」について語っていることは、個人的苦痛を単に正当化したり、ごまかしたりするために使われる危険がある――「おい、すごいと思わないか。僕は今、木にぶつかって、方向感覚の喪失を体験したんだ」。それは、真の体験を否認することであり、トランジションを損なうことである。

方向感覚を失うことは意味ある体験であるが、楽しいものではない。日常的なものごとに現実感を感じられなくなる時、人は混乱し、空虚感に襲われるのである。それまで重要だったものは、くだらなく見える。私たちは大きく暗く非現実的な世界に吸い込まれ、死んでしまい、さまようのである。

多くの神話が、この状態を、英雄が大きな蛇や魚に呑まれてしまうというふうに描写しているのもうなずける。そこで英雄は、迷宮の中の渦のようにぐるぐるした道をたどっていくのである。

方向感覚の喪失は空間感覚のみならず、時間感覚にも影響を与える。最近、禁煙に成功したばかりの男性が、やや真剣な表情でこう言った。「こんなにも暇な時間があるなんて、思いもよりませんでした。私はこれまで、タバコを吸うことに何時間も費やしてきたんですね」

それは、ある程度、当を得ている。しかし、時間感覚が変化した原因は、慣れ親しんできた時間の区切り方をやめたことにもあった。一時間に何度も、彼はタバコに火をつけて、一連の仕事に取りかかっていた。喫煙の間隔は多少変化したが、タバコをつけたり灰皿に押しつけたりして、彼は時間を区切っていた。だからタバコをやめた時、彼の前には大海原のような時間が広がったのである。

こういうことが、トランジションにはしばしば起こる。そして、トランジションに入ることに対する抵抗の一部は、この空しさに対する恐怖によるものである。問題は、ある仕事や人間関係を終わりにしたくないとか、自分たちのアイデンティティや現実から離れられないということではない。

最も苦しいのは、新しい何かを見つけ出すまで、虚無の時を過ごさねばならないということなのだ。それを予感した時、死や見捨てられ体験にまつわる過去の恐怖と、あらゆるファンタジーが呼び覚まされるのである。

トランジション・プロセスとしてのエディプス神話

エディプスの古代神話は、人生のある局面を終わらせる方法に関する、多くの知恵にあふれている。この神話は、幼児期にみられる同性の親に対する性的なライバル意識を説明するために、よく用いられる。フロイトによれば、すべての男性は、（エディプスのように）父親を殺して母親と結婚したいという願望を持っているというわけである。

しかし、ソフォクレスのエディプス王の神話を、トランジションを物語るものとして見れば、人生についてより多くのことが学べるのではなかろうか。この話を新鮮な目で見るためには、先入観を排除する必要がある。そこで、この話を有名な悲劇とか精神分析理論の基盤として見るのではなく、仮に自分がこのような夢を見たらどうだろう、と考えてみることを勧めたい。そうすれば、この物語を自分自身の体験のより深いレベルと、もっと直接的に関係づけることができるだろう。

自分が変な夢を見て、真夜中に目覚めた場面を想像してみよう。あなたは、おびえ、混乱し、横になったままである。夢の中では、あなたは寺院や宮殿に囲まれた大きな広場に立っていた。目の前には大勢の民衆がひしめき合っている。ひざまずいている者もいれば、立っている者もいる。病気や飢えで横たわっている者もいる。そこにいるすべての民衆は、絶望と恐怖の入り混じったような目であなたを見ている。ときどき、子どものすすり泣きと病人のうめき声が聞こえる以外は、あたりは静かである。人々は無言の中に、あなたに助けを求めているのである。

そして、民衆の中から代表者が進み出て、まっすぐあなたに近づいて来る。彼は、あなたを統治者と呼び、町は呪われていると言う。作物は枯れ、家畜は弱り死んでいく。女たちは死産を繰り返し、病気が蔓延している、と。

あなたが答える間もなく、彼は、あなたがどのようにしてこの町の統治者になったかを思い出させる。その当時も町は呪われていた。というのは、町の門の外に恐ろしいスフィンクスが陣取っていて、誰かが例の謎かけ（「声は同じなのに、朝は四本足、昼は二本足、夜は三本足の動物は何か」）に答えるまで、町に生命の息吹を返してくれないのだ。当時あなたは大人への階段を上っているところで若かった。あなたは前に進み出て、勇気を奮って「それは人間だ」と答えた。あなたは謎を解き、呪いは解かれた。町の人々は深く感謝し、あなたに統治者になってほしいと言ったのである。

さて、ここでは代表がこう言う。「もう一度お願いします」（本当の劇であればもっと巧妙な言い方をするだろう。「御名が歴史に残る時、『はじめはこの町を救い、後にはこの町を見放した人』などということになりませんように」)。彼らはあなたに、今までのイメージを常に保つことを要求する。あなたに、変わらないでいてほしいのである。

夢はここで終わる。しかし、起きてからもずっと、その夢は頭から離れず、あなたを苦しめ、あなたの注意を現実の日常生活から奪い取ってしまう。「もう一度やろう」「今は変わらないでおこう」「人々の期待に沿うようにしよう」「昔の自分でありつづけよう」といった考えが、取りついて離れない。この夢と強迫観念が心を深く動揺させる。それは日常の活動に奇妙に混ざり込み、やがて示唆に富んだものになってくる。夢を味わいながら、あなたは今、自分に何が起こっているかを考える。夢と人生は、肖像画と描かれた人のような関係にある。やがて、あなたは理解する……。

「昔からの自分でありつづけよ」「変わるな」「以前と同じようにもう一度やるのだ」という声は、家庭からも、職場からも、自分自身の内部からも聞こえてくる。新たな「始まり」に引かれていくその時に、人は内的にも外的にも行く手を強引に阻まれるのである。その夢は、あなたの人生を表しているのだ。

この文脈で考えると、エディプス状況は父、母、子どもの三角関係というよりも、トランジションを起こそうとする発達動因と、トランジションを止めようとする反復的衝動に引き裂かれた、成人の状況を表しているのである。象徴的に言うと、凶作や死産のイメージが古い時代の終わりや死の感じを表す。それはしばしば、終結のプロセスが始まるサインである。

このように、エディプスの話は、古い今までの生き方に固執しようとすると、人生がどうなるかを象徴的に示しているのである。そもそも、エディプスが昔からのやり方でデルフォイの神託を受けようとしたことが、呪いのもとになっているのだ。その神託は、「汚れたもの」が災いの原因であり、それは、その町にいる前王の殺人者であると言う。その殺人者とは、エディプス自身である。彼は二〇年前、この町に来る途中、狭い道である男と出くわした。二人はどちらが先に行くかで、口論となった。その年配の男は、彼を車で轢《ひ》こうとしたが、若いエディプスは反撃して、その男を殺してしまったのである。もちろん、その男が父親ライオス王だとは知る由《よし》もなかった。

しかし、殺人そのものがトラブルの原因になったわけではない。実際、神はエディプスを町に連れてきて、スフィンクスの謎に答えられるようにし、彼をヒーローにし、彼の王位の下で二〇年にわたり、テーベの町を繁栄させたのである。象徴的にみれば、あの殺人は、その時点では自然で必要な行動だった。現実の親の多くがそうであるように、この神話的父親は自分の息子の道を妨害し、彼が彼自身になる権利を認めなかった。自立し、世界の中に自分の場所を見いだすためには、象徴的に両親を殺し、かつては必要であった依存を葬り去ることが必要なのである。

しかし、エディプスは、その成人期初めの発達課題は相当以前にやり終えていた。その局面（神話的に言うと「英雄の時代」）はすでに終わり、何か別のことが起ころうとしていた。第2

章で述べたように、自然で容赦のないこの人生の局面の移行が、まさにスフィンクスの謎かけの重要なポイントである。多くの人がそうであるように、エディプスは「答え」はわかっていたが、残酷で複雑な自分自身の人生の状況には、それを応用できなかったのである。

エディプスはまさに、第二の大きなトランジション・ポイントにいた。それまではうまくいっていた社会的役割への関与や、自己イメージへの同一化から離脱する時がきていたのだ。今はかつてのような外敵はいない。そこには、スフィンクスの謎を解き、怪物をやっつけた男、世界を外敵という図式でのみ捉えてきた男、今までと同じあり方や行動を続けようとしている男が一人いるだけである。

かつてのある局面には適していたが、今となっては新たな局面を「汚している」に過ぎない振る舞いをしているのは、彼自身にほかならないのだ。

ここで、彼はどうするだろう。彼はデルフォイに神託を求めて、使者を送るのである（かつて謎を解いた者には、答えをくれるだろう）。そして、その答えは「ライオスを殺した者が町を汚している」というものだった。エディプスは、その男を探し出してやっつけてやると宣言する（英雄はふたたび馬にまたがったのだ！）。

彼はこのトランジションの時に、人生が諦めるよう要求しているものに無理矢理近づいていく。そしてこの過程で、英雄は彼自身の中の「英雄性」を殺すのである。

エディプスの物語は、人生のトランジション・プロセスをうまく説明している。この話が教えているのは、ある時期以降は、人生を押し進めるまさにそのあり方が、人生を破壊し始めるということである。この劇ではこういう事態が、何度も繰り返される。エディプスは、いつか父親を殺すと予言されたために、生後間もなく捨てられた。この劇が始まるずっと前のことである。そして後に、彼はその予言を聞き知って、養父母の家を飛び出すのである。

それぞれのステップで、何かを永続させようという試みが、結果的には破滅への始まりの行動となるのである。これまで通りで大丈夫と信じてとった言動が、しばしば何かを終わらせるということを、われわれは学ばねばならない。

そこには、神話が示唆しているように、社会的道徳を越えた深い倫理性がある。それは、自然の秩序に由来し、その秩序が、人生そのもののリズムを決めていくのだ。人生のある局面のゴールは、次の局面ではお荷物になるのである。これがまさに、通過儀礼が象徴的死をもって始まる由縁である。この死を経なければ、テーべの町がそうなると神託で言われたように、人生が「汚されて」くるのである。

変化への要請に強く抵抗したために、エディプスは、変容のプロセスで非常に苦しんだ。しかし、エディプス王の物語には、続編があることを忘れてはならない。ソフォクレスは、死の後に再生があり、この世で新たに生きる道があることを伝えようとしたのだ。われわれが『コロヌスのエディプス』でふたたびエディプスに会う時、彼は喪失の苦しみから解放されている。スフィンクスの謎にあったように杖にもたれているが、彼はただ年をとっただけではなく、精神的に輝いており、彼を歓迎するどの町にも祝福を与えているのである。

　エディプスの物語は、視点の転換が必要な時期に、人が意味あるトランジションに抵抗したり、誤解したりしがちであることを教えてくれる。エディプスは、デルフォイに神託を授かりに使者を送ったが、その神託を誤解してしまった。偉大なる予言者ティレシアスに助けを求めたが、その賢者の言葉も聞かなかった。彼は、昔の現実に新しい情報をこじつけようとしたのだ。しかし彼は、結局は夢からさめて、何が起こったかを理解するに至ったのである。

人生において、何かを手放すべき時はいつか

　変化とトランジションの最も重要な違いの一つは、変化はゴールに到達するために引き起こされるもので、トランジションは現在の人生のステージにもはや当てはまらなくなったもの、あるいはそれとぴったりであるものを手放すことから始まるものであるということだ。自分で自分自身のために、「もはやふさわしいとは言えなくなった」ことが何であるのかをしっかりと捉える必要がある。

　本書の最後にその一覧表があるわけではない。しかし痛みや後悔の念を最小限に食い止めるためのヒントはある。それがどのようなものであろうとも、トランジションは内的なものである。トランジションの時に、「今こそある人間関係を終わらせたり、仕事を辞める時である」といったはっきりとした感覚を持つに至ることがあるかもしれないが、これはトランジション

が、あなたにその変化を起こすための心の準備をさせていることを表わしているにすぎない。

トランジションそのものは、これまで信じてきたものや思い込んできたもの、これまでの自分のあり方や自己イメージ、世界観、他者との接し方を手放すことから始まるのである。これまで触れた五つの言葉を見てみると、「離脱」だけが外的な変化に関係しているものであることが分かる。「解体」は内的なプロセスにも外的なプロセスにもなりうる。「アイデンティティの喪失」「覚醒」「方向感覚の喪失」、これらはすべて内的な事柄に関係するものだ。

われわれを過去に引き留めるのは内的な事柄である。外的な事柄だけに向き合う人たちも、人間関係を終わらせたり、離職したり、各国を渡り歩いたりするが、かつての自分から意味のある卒業をするわけではない。彼らはトランジションを回避するために変化することを学んだ人たちではないだろうか。彼らは、「最悪な上司だ、腐ってる」などと言って、仕事を投げ出して去るけれども、なぜ自分が上司をそのように思うのかを考えようとはしないのだ。人間関係をいつもこのような結果に終わらせる自分自身の振る舞いやあり方、思い込みや自他のイメージを手放すのではなく、ここでまた一つの（まただ！）人間関係を断ってしまうのだ。

ただ、この重要なポイントを指摘するにあたって、「終わりが外的な変化を伴うことはない」というような印象は与えたくはない。私が言いたいのは、「内的な終わりが、トランジションを開始させる」ということだ。確かに変化はトランジションを導く。しかしトランジションもまた、変化を導くのだ。どこか別の町へと引っ越し、新しい生き方をする人たちは、自らをトランジションへと送り込むような変化を起こしているのだ。これが、「変化がトランジションを導く」パターンである。

しかし彼らは、もはや古い習慣が合わなくなってきていて、人生でこれまでとは違うものを探し始めていたので、その引っ越しをしたのかもしれない。そこに、内面が変化して、「別人」となった彼らの姿があるのだとしたら、これは、「トランジションが変化を導く」パターンだ。このような状況では、トランジションを開始させるような「終わり」はたいてい、変化の一部であるところの「終わり」と同時ではなく、その前後にやってくる。私は最近、ある友人が自分の結婚生活の崩壊について話していた時、このことを思い出した。

「でも、彼女が出て行くずっと前から、終わっていたんだ」と彼は言った。「これはもう何カ月も前からのことだったんだけど、僕はまだこの事実と向き合う準備ができていなかったんだ。僕は、彼女が実際に出て行ってはじめて、それが終わったことを認めることができたんだ」

この話を聞きながら、私は彼と昼食を共にした日のことを思い出していた。彼の妻が出て行く二、三週間前のことだった。彼は混乱し憔悴しきっていた。あの時、彼は理解不能な状況とその変化に苦しんでいた。そして私は、彼が時間の経過と共に、その変化から心を離して冷静になり、トランジションそのものと向き合い始めたのを見た。これはよくあることである。

変化に圧倒されている時（とりわけ「終わり」の時）にトランジションを理解することは、

ほとんど不可能であるが、次第に、「時間は、喪失を受容させるだけでなく、その喪失に対する理解を促してくれる」ということに気づくようになる。こうしてわれわれはそれを乗り越えていくことができる。

残念でならないのは、変化に取り憑かれ、トランジションに疎《うと》い社会は、トランジションという文脈の中ではなく、変化という文脈の中で、絶えず終わりの意味を理解させようとすることだ。しかし、「終わり」が個人的な意味をもち、われわれ自身の変容への扉を開けてくれるのは、トランジション・プロセスとの関連においてだけなのである。

「終わり」の経験

「終わり」は、何かがうまくいかなくなる時から始まる。イスマロスにおいては、オデュッセウスはそれまでいつも成功していたことに失敗する。テーベでは、エディプスはより広い領域で、より些細な喪失を体験する。彼は勢い、生気、活力を失ったのである。「終わり」が一つの出来事にすぎない人もいれば、それが現在の精神状態だという人もいる。

終わりの各要素が生じていく順番は、決まっていない。たとえば離婚において、一方がアイデンティティ喪失を体験し、次に方向感覚を失い、やがて離脱の行動を起こす。ところが、もう一方は切迫した変化に気がつかず、離脱が先に起こり、次に覚醒へ挑むことになる。要するに、自然な順序とか正常な順番などはないのである。

「終わり」に対する反応にも、決まった順番があるわけではない。エリザベス・キューブラー

＝ロスは、末期患者がさし迫った死に対してとる五つの反応を見いだした。すなわち、否認、怒り、取引、抑うつ、受容の五段階である。[4]

「終わり」に対して、同様の反応を示す人がいる。たとえば、エディプスがそうだろう。しかし、逆のコースをとる人もいる。彼らの場合は明らかな受容から始まり、ずっと後になって、トランジションの過程で何かを失ったことに気づくのである。

大切なのは、トランジションのさなかにいる人に、「終わり」を体験させることである。職を失ったのは（転居したのは、心臓の手術をしたのは）あなたが最初ではない、などと言ってもあまり助けにはならない。もがき続けている人がいたら、そのプロセスにおいて、何か手放せないものがあるのだと言うしかない。その人は援助を、たぶん専門家の援助を求めるだろう。しかし、「覆水盆に返らずだ。泣くのはやめて、明るい顔をしたらどうだ」などという言葉は、聞きたくないだろう。

思い出してみよう。「終わり」は死の体験であり、試練である。それは、ときに、自分が何者かという感覚を根本から揺さぶるので、それが自分という存在の終わりであるかのように感じてしまうのである。そういう時にこそ、「終わり」の理解や、古い通過儀礼に関する知識が役に立つ。

通過儀礼の権威、M・エリアーデはこう書いている。「どのような儀式や神話においても、始めの死が最終的な結末ではない。そうした死は常に、新たな存在様式に移行するために、必要不可欠な条件だった。それは再生、すなわち、新たな人生の始まりに移行するためになくてはならない試練だったのである」[5]。われわれはみな、終わりを「ある状況の終結」として捉えがちであるが、これは同時にプロセスの始まりである。このことに気づくより良い手段を持っていないことが大きな問題なのだ。われわれは逆さまにしていた。終わりは、芝居の最初の一幕であり、最終幕ではないのだ。

第6章　ニュートラルゾーン

私は空の境地に至るために全精力を使い、
しっかりと静寂に抱かれる。（第一六章）
無為に徹し、よけいなことはするな。
無味無臭を味わうのだ。（第六三章）

老子『道徳経』[1]

空白の場所に行く

昔はどこでも、トランジションを迎えた人は村を離れ、未知の森や荒野に入った。彼はしばらくそこに留まり、かつての結びつきから離れ、アイデンティティを失い、古い現実をはぎ取られる。それは「夢と夢のはざま」の時である。原初の世界から根源的な混沌が吹き出し、すべての物の形を消し去っていく。そこは名づけられていない場所、この世の空白の場所であり、その中で新しい自己感覚が生み出されるのである。

現代では、存在の連続性を断つ、このはざまの時の価値が認められなくなっているために、トランジション体験は非常に困難なものになっている。われわれにとっては、「空白」は何もないことを意味するだけである。したがって、人間関係や目的や現実などのような重要な要素において、何かが欠落したら、できるだけ早く、それを埋め合わせる方策を見いだそうとする。われわれは、このような事態がトランジションの過程の重要な部分であるはずがないと思ってしまう。つまりは、これは単に一時的なものであると願い、運が悪ければこの状況に耐えねばならないと考えるのである。

このように見てみると、トランジションは道路を横切る時に似ている。必要以上に長い間、道の真ん中に留まるのは馬鹿げている。いったん歩道から降りたら、できるだけ早く反対側へ渡ることだ。どんなことがあろうと、センターライン上に座り込んで考えごとをしてはいけない。

たしかに、トランジションは多くの困難を伴うものだ。ただし、そう考えても、「終わり」に伴う苦痛が消えるわけではない。なぜなら、われわれはこの苦悩は、「そもそも初めから、この道を横断すべきではなかった」ということを示しているものではないかと考えてしまうからだ。

同様に、しばしば生じる喪失感や、空虚感が未来永劫に続くかのような感じも受け入れ難い。「だが、ちょっと待て。道の向こう側に欲しいものがあるんじゃないか」。トランジションは自己再生の源でもある。恐ろしい場所を苦労して渡ったあとには、「必然的に」自己再生が起こるのである。

たとえ、「ニュートラルゾーン」に入ったことがわからなくても、あるいはそれを誤解したとしても、人は知らない間に、ニュートラルゾーンを生き抜いているものだ。

トランジションのさなかにいる人は、なぜだかよくわからないままひとりになって、日常の些末事から遠ざかろうとする。湖畔の貸別荘で長い週末を過ごしたり、シティホテルに数日間ひとりで泊まったりするのである。

最初のトランジション・セミナーのメンバーの一人は、四日間、単独で登山をして帰ってきた時、「人生で最も不思議な四日間でした」と言った。夫が「どうしたら、連絡が取れるんだい」と聞いた時、それまで一人でどこにも行ったことのない彼女は、「連絡は取れないわ。でもちゃんと戻ってくる」と、さらりと答えたそうである。

なぜそういうことをしたのかと尋ねられると、「しばらくの間、ひとりになりたかったんだ」と答える。そうとしか言いようがないのである。友人たちや家族は、本当は何をしているんだろうと考えて心配する。浮気しているのではないか、すべてを終わらせようとしているのではないか、家族を捨てて、別人になって、どこかで人生をやり直そうとしているのではないか、などという思いが交錯するのである。実際、離れていく私たち自身も、そのような可能性のいくつかを空想したりするだろう。

もし、われわれがどこに行こうとしているかを話したら、彼らは本当に当惑してこう聞くだろう。

「そんなところでたった一人になって、何をするつもりなの？」。しかし、われわれは真っ暗な道に入り込んでいるところなので、どう答えていいのかわからない。「いろんなことをじっくり考え直してみたいんだ。たぶん……」などというくらいの返答しかできない。

しかし、いったんそこに行ってみると、一つの答えを出すようなやり方で何かを考えるのではないことが明らかになる。そのかわりに、浜辺や裏道を歩いたり、公園で腰かけたり、映画を見たり、道行く人や雑踏をながめたりしている。何をしているのかと聞かれれば、「大したことはしていない」と答えざるを得ない。そして、約束したことを守れなかったかのように、少し後ろめたい気分になる。

だからといって、このトランジションの期間での、明らかに非生産的なこの空白の時について、後ろめたく感じる必要はない。ニュートラルゾーンは、日々の生活における一連の活動からのモラトリアム（猶予期間）である。日常の活動は、従来のやり方以外では反応しにくい一連の刺激をあなたに提示して、あなたを「あなた」にしつづけている。だから、あなたはひとりになって、一見、無目的な行動をとる。そうすることによってのみ、「自己変容」という重要な内的活動に従事することができるのだ。

あなたは単にいつもそうしているというわけではない。ただ歩いたり、眺めたり、コーヒーを飲んだり、電線の鳥を数えたり、ベッドの上の天井のひび割れを数えたり、夢見たり、運命を待ったりしているようでありながら、実はあなたは「ニュートラルゾーン」における基本的な活動、すなわち、徹底的に無為で儀式化されたルーティンを実践しているのである。

経験したことがない不思議な体験

古い通過儀礼においては、人々は、自然だが不思議なこのようなはざまに陥った時に、どうすべきかを教えられている。彼らは夢に特定のヴィジョン、いわゆる「導師」の姿が現れるように請い願う。彼らはまた、物事を象徴的に知覚できるように訓練される。その過程では、秩序だって起こる自然の出来事が、彼らを啓発し導いていく象徴的コミュニケーションのように感じられるのである。さらに、彼らは意識を深め、覚醒状態を高めることも学ぶ。その手段はさまざまであるが、たとえば、瞑想、詠唱、断食、蒸し暑い小屋での水絶ち、精神を活性化する物質などが用いられる。

現代におけるそのような教えの記述が、人類学者カルロス・カスタネダの著作に見られる。彼は、ドン・ジュアンとヤキの教えについて書いた。それが事実かフィクションかはともかくとして、そこには現代の西洋人が、最も鮮烈で強力な「ニュートラルゾーン」を体験したときのことが豊かに記述されている。彼の四冊の本のどこを開いても、その教えとそれによって導かれる体験が見いだせるだろう。たとえば、一冊目にはこんな記述がある。

ドン・ジュアンはしばらく待って、同じ動きをしながら私にふたたび数匹のトカゲを手渡した。彼は私に、「何か知りたいことがあったら、トカゲの頭をつまんで優しく撫で、こめかみに当てて心の中で聞いてみなさい」と言った。私は最初、彼が私に何をやらせようとしているのかわからなかった。……しかし彼は、そうすれば、普通では会えないような人について、なくしてしまった物について、見たことのない場所について、何かがわかるだろうと言うのである。私は、彼が占いについて語っているのだとわかった。私は興奮し、心臓がドキドキした。息をすることさえ忘れたかのようだった。[2]

このような「理解のし方」は、ほとんどの現代人にとってなじみのないものなので、奇妙な感じがしたり、恐ろしく思えたりするかもしれない。われわれの文化においても、ニュートラルゾーンに入った時には、多くの人々がこれと同様の異常な感じを体験する（しばしば軽視されたり、後に否定されたりさえするが）。しかし、この種の経験をした人たちのほとんどは、適切な指導や説明が受けられないので、脅えたり、混乱したりするのである。

最初のセミナーのメンバーに、パットという男がいた。彼は四〇代で、かつては電気技師をしていた。彼は自分のことについてあまり話さず、ただ、自分は「落ちこぼれだ」と言った。少しずつわかっていったのだが、彼は宇宙産業の会社を解雇され、その数カ月後、妻が家を出て行った。妻は彼にほかの仕事を探す気がないことに失望し、二人はひどく気まずくなったのである。

あるセッションで、彼は言った。「あの仕事は辞めたくなかった。でもそうなってしまった時、私は同じような仕事にもう一度就きたいと思わなくなっていました。私は自分が何がしたいのかわからなくなりました。妻は私の決断力のなさに不満をつのらせて、出て行ったのです」

彼はこういうことをほとんど感情を交えずに話したので、まるで、他人の人生について語っているようだった。しかし、現在の状態と不思議な体験についての話になると、彼はすぐに生気を取り戻した。彼には、すべての現実が変わってしまったかのように思われた。以前はそんなに夢など見なかったのに、最近は毎晩、夢を見るという。

また彼は、彼の言い方によると「見える」体験を何度もした。「見える」というのは、彼の人生が一体何なのか、なぜ彼が仕事と妻を失ったのかが、本当に理解できるということである。「私はまるで目から鱗が落ちたような感じで、はじめて世界が見えました」。彼の言い方には、強い感情が込められていた。

メンバーの中には、パットは自制心を失っているだけだと片づける人もいたが、彼の言いたいことがわかると言う人もいた。彼の正直さが話しやすい雰囲気を生み、われわれはすぐに、「もう一つの現実」に出会うことは珍しくないと気づいた。想像力を活発に働かせてそれを知ったという人もいるし、今まで気づかなかった意識の領域にアクセスしたとか、（少数だが）

霊的存在と実際にコンタクトをとったと述べた人もいた。ある女性は、やや激しい口調でこう言った。「どう思われようとかまいませんが、私は精神を統一した時、心の中に話すことのできる導師がいることがわかったんです」

その夜われわれが発見したことは（トランジションの中にいても、ごく少数の人しかそれについて聞く機会がないのだが）、かつて抱いていた幻想や古い自己イメージが崩壊すると、それまで思いもよらなかったような意識状態を体験する人が多いということだった。トランジションの中にいる人が、すべてこのような体験をするわけではないが、以下のことは共通認識としてもいいであろう。すなわち、昔から通過儀礼の時に使われてきた意識変容の技法は、異なる現実を「創作する」のではなく、人生の各局面のはざまにおいて、今までと違う見方で世界を見たり理解したりするという自然な傾向を強めたり助長しているにすぎないのである。

深刻な空虚感

これは重要な発見である。というのは、非常に多くの人が「ニュートラルゾーン」体験におけるこの側面を無視するか、あるいはそれに圧倒されてしまうからである。それを無視することは、それが与えてくれる拡大した現実感覚や深化した目的意識を得るチャンスを逃すことになる。また、それに圧倒される人は、この経験をその後の人生に統合できなくなるので、不幸としかいいようがない。この体験を無視する人もそれに圧倒される人も、トランジション・プロセスがもたらす贈物をもらい損ね、精神的に豊かになる機会を逸することになる。それは、忘れられやすい自然の贈物なのである。

通過儀礼においては、荒野に連れて行って飢えや渇きを体験させたり、神を讃える歌やリズミカルな動きで通常の意識を抑制したり、神話やさまざまな象徴的手続きで想像力を活性化したりといった、さまざまな手段が用いられる。これらの方法によって、伝統的社会は、個人がニュートラルゾーンで変容体験をすることに道を開いていた。伝統的社会は、これらの体験をわかりやすく、受け入れやすい形で提供していたのである。

しかし、現代人にとって、「ニュートラルゾーン」体験は、当たりか外れかの賭けくらいの意味しか持っていない。われわれには何が起こっているのか、このような状態がいつ終わるかも定かでない。このあと、精神に異常をきたすかもしれないし、何らかの啓示を受けるかもしれない。どちらにしても、これは気軽に誰かに相談できる問題ではない。

多くの人々はニュートラルゾーンに入ると、本質的な空虚感を体験する。昔の現実は色あせ、もはや何も確かな感じがしなくなる。作家レフ・トルストイは、彼自身が遭遇したその空虚感を見事に描写している。彼はこう書いている。「私は、私の中で何かが壊れたと感じた。それは、それまでの私の人生の基盤だった。いまや、私にはつかまるものが何もなかった。まるで、人生がそこで止まってしまったかのようだった」。彼は死の強迫観念に襲われ、狩猟にも出られなかった。自分に銃を向けてしまうのではないかと恐れたのである。外見上は、彼の生活にはほとんど変化は見られなかった。

私は、人生のどんな活動に対しても、納得できる意味が見いだせなかった。私はこのことを初めからわかっていなかった自分に驚いた。私はまるで、誰かに馬鹿げた悪質な冗談を言われ、からかわれているかのような心境だった。私は自問した。今日私がすることから何が生まれるのか？　明日することからはどうなのか？　私の人生から何が生み出されるのか？　なぜ私は生きねばならないのか？　なぜ私は何かをしなければならないのか？[3]

そのときトルストイは、表面的には普通の日常生活を送りながら、水面下ではニュートラルゾーンの深刻な空虚感を味わっていたのである。

私はときどき、もしトルストイが伝統的なセラピストのところに、彼の悩みを相談に行ったらどうなっていただろうかと考える。こんなやりとりがあったかもしれない。

「今おっしゃった『馬鹿げた悪質な冗談』という考えは、いつごろから起こりましたか」
「何週間も前からです」

あるいは、「あなたはいつも、みんながそんなふうに、あなたをからかっていると思うのですか」「最近、奥さんとの関係はどうですか」「あなたの子ども時代について話してもらえませんか」などと質問されるかもしれない。あるいは、もっと現代風の言い方が好きなセラピストなら、「そうだね、レフ。レフと呼んでもかまわないかい。これは、いわゆる『中年の危機』ってやつだよ」と言うかもしれない。

おそらくトルストイは、精神分析家の援助を受けずにすんだのだろう。だとしても、彼の苦痛や混乱がわかる人、その体験に意味を見いだす方法、そのプロセスを生き抜く対策など、何か役立つものがあったら、明らかに彼はそれを利用していただろう。

もし彼が、自分の体験している空虚感が「内的な終わり」の自然な結果であり、終わりと空虚感はあるプロセスの中の最初の二局面にすぎず、これらが（ともかく途中で挫折しないかぎりは）かつての自分は何だったのか、かつての自分はどこへ行こうとしていたのかについての新たな認識をもたらしてくれるのだということを理解していたら、おそらくあの状況にもっとうまく耐えられただろう。

また、彼がそうした体験はよく起こることだと知っていたら、彼の孤独感は少しやわらげられたかもしれない。またもし、荒野で進むべき道を示す道具を利用していたなら、彼はもっと自信を持って将来に向かって行けただろう。

これらの「道具」は、かつては部族の古老たちから、知恵や儀式として与えられた。しかし今日では、われわれは自分でこの道具をつくらねばならない。失われた儀式を復興させ、再生できないかという思いも起こるが、それでうまくいくことはまずない。むしろ、古い儀式がニュートラルゾーンにおけるどのような活動を促進させるようにできていたのかを理解し、それを達成するための方法を見いださねばならないのである。

空虚感の存在理由

ニュートラルゾーンの最初の活動あるいは機能は、降伏である。人は空虚感に屈服し、それから逃れようとじたばたすることを止めなければならない。これは容易なことではない。しかし、空虚感がなぜ大切なのかということがわかれば、少しは気が楽になるかもしれない。

過去と新しい人生の間に横たわる空虚感には、三つの主要な存在理由がある。

第一は、変容のプロセスは機械的な調整というよりも、本質的には死と再生のプロセスだということである。われわれの文化は機械的なものについての知識は十分にあるが、死と再生については、過去から学ばねばならないことが山積している。エリアーデが書いているように、「原始的・伝統的文化では、カオス（混沌）への象徴的な回帰は新たな創造のために不可欠である[4]」

この意味で、カオスは単なる混乱ではない。むしろそれは、純粋なエネルギーの最初の状態である。そして、本当に新しい「始まり」を迎えるためには、人は（組織や社会など、トランジションのさなかにあるものはすべて）そこに回帰しなければならないのである。古い見方からすれば、カオスは恐ろしく見えるかもしれないが、見方を変えれば、それは目的や形態が未確定の生命そのものと言ってもよいのではなかろうか。しかしもちろん、トランジションに突入する人たちは「慣れ親しんだ見方」からその人生を見るのだから、ニュートラルゾーンにおける空虚感と移ろいやすさが恐ろしいのも無理はない。

　新生活と旧生活の間にギャップがある理由の第二は、崩壊と再統合のプロセスそのものが再生の源泉だということである。ヴァン・ジュネップは『通過儀礼』の中で、こう書いている。

「身体はある円内の空間を一定の速度で移動することができる。しかし、生物学的活動や社会的活動はそうではない。エネルギーが消耗するので、少なくともある間隔で再補給しなければならない。通過儀礼は結局、この基本的な必要性に対応しているのである」[5]

ストレス、疎外、燃え尽き症候群などに苦しむ現代人にとって、このような知恵を見いだすことは大切である。われわれは機械論的考え方が身についているので、自分の問題を修理やエネルギー再補給で何とか済まそうとしてきた。つまり、機械のように、故障個所を修理したり壊れた部品を交換すれば、新しく再生すると考えてしまうのである。

　しかし、再生するためには、形をなさない原初的エネルギーの世界に、しばらく立ち戻るしかないのである。ニュートラルゾーンはわれわれが求めている自己再生の唯一の源泉なのである。リンゴの木に冬の寒さが必要であるように、このニュートラルゾーンにいる期間が必要なのである。

ライフステージのはざまに空虚が存在するもう一つの理由は、それが各ステージそのものを見通す視点を与えることにある。ニュートラルゾーンにおける空虚から見れば、日常世界の現実は、透明で実質のないものに映るだろう。現実として把握していたものが、今や「幻」となるのである。

この叡智にもとづいたつらい感覚を味わいながら、ずっと生きていける人はほとんどいない。しかし、「現実」世界の活動やアイデンティティに戻る時には、「すべてのイメージを越えた、知られざる次元がある」ということをもうどこかで知ってしまっているのだ。ニュートラルゾーンは、人生のほかのどこでも得ることのできないような人生の見方を提供する。そして、その視点から何度も人生を見直すことによって、真の知恵がもたらされるのである。

これはたしかに気の重い話だ。あなたは、はからずも落ちてしまった人生の床板の間の奇妙な裂け目からはい上がるためのちょっとした助けが欲しかっただけなのだ。まずは、そこで自分が何をしているかを理解することだ。次に、そこにしばらく留まることがなぜ大切なのかを知らねばならない。そうしてはじめて、そこで何をすべきかを語ることができる。

というのは、「なすべきこと」はそこから出ることでなく、そこに入り込むことだからである。すなわち、それはニュートラルゾーンにおける体験のエッセンスを増幅し、よりリアルに味わうことなのだ。言うなれば、入口こそが出口なのである。砂利道でタイヤがスピンした時には、車をもっと重くしなければならない。待ってみることで、この経験をやり過ごせないかと思う人もいるかもしれないが、この体験はその人の関心を引くまで、そこに留まり続けるだろう。以下に、どうすればニュートラルゾーンの中でその意味を見いだせるかについて、実際的なヒントをいくつか示そう。これは、その体験を短く切り上げる方法でもある。

⑴ニュートラルゾーンで過ごす時間の必要性を認める

「なぜ自分がこのような状況にあるのか」「自分の周囲で変化が起こっているちょうどその時に、なぜ自分の人生が行き詰まっているのか」について理解しよう。この時期に経験することから意味を見いだせる状態でいることが、非常に重要である。さもなければ、ニュートラルゾーンは袋小路のように感じられることだろう。「ニュートラルゾーンとは何なのか」「なぜそれがそこに存在するのか」。これらを理解すれば、ニュートラルゾーンにいる人々が陥りやすい二つの落とし穴のうちの一つを回避することができる。とりわけ、トランジションに悩み動揺している人々がこの穴に落ち込みやすい。これらを「早送りと巻き戻しの罠」と呼ぶことにしよう。

人々はよく、トランジションをなるべく早く切り抜けるために、トランジション・プロセスをスピードアップする方法がないだろうかと思う。このような時には、たいてい、ニュートラルゾーンにいる時間のことを考えるものだ。彼らはここではほとんど何も起こっていないのではないかと思う。自然に展開していくあらゆるプロセスがそうであるように、ニュートラルゾーンもしかるべき時間を要する。物事をスピードアップさせるとは、早送りボタンを押すことである。この考えは魅力的だが、このようなもくろみは、ただ物事をかき乱し、そこで起こっている自然な発達プロセスを阻むだけである。そういったやり方は、ニュートラルゾーンからあなたを連れ出すどころか、むしろ、後戻りさせて振り出しに戻す。イライラするかもしれないが、最良のアドバイスは、「ウサギのことは忘れて、カメになること」である。

しかし同時に、あなたは動き続けねばならない。変化を元に戻したり、物事をトランジションが始まる前の状態に戻したりするような、先ほどの誘惑と反対の作用を持った行動もやはり誤りである。過去は、今あなたがいる「どこでもない場所」に比べれば、楽な時間であったことは間違いないが、人生に再生ボタンはないのだ。あなたをこの場所に連れてきたトランジションを取り消しにして元に戻すことはできない。物事を「かつての状態」に戻すというのもおかしな話である。なぜなら、あなたは過去のその時点では、トランジションに入った経験がなかったのだ。一度した経験は消えないのである。

(2)一人になれる特定の時間と場所を確保する

トランジションのさなかにいる人たちは、たいていそれまでの活動や人間関係に、引き続きわずらわされているものである。しかし、そうした事がらは、いまや彼らの内なる要求にそぐわなくなっている。人はそのような状況で孤独を感じがちなので、ほかの人々ともっと親密につきあいたいという誘惑に駆られる。

しかし、真に必要なのは純粋な孤独である。孤独の中でこそ、人は内なる声を聞くことができるのだ。子どもが学校に行ったあとにひとりで家事をしているとか、オフィスのドアを閉めてひとりでデスクワークをしているというのは、ここで言うところの孤独ではない。

昔の通過儀礼では、しばしば荒野などの環境で、深い孤独の体験を与えていた（興味深いことに、イエスやモーゼ、ブッダが人生の苦難の時期を過ごした場所である「荒野」を意味するヘブライ語には、「聖域」という意味もある）。地図に載っていないこの「どこでもない場所」は、英雄たちが明確なお告げを受けた「聖地」でもある。伝統的なやり方では、しばらくの間、このような時間を「聖域」で過ごすことができた。しかしわれわれの場合は、自らの生活環境に合わせて時間の使い方を工夫していかなければならないだろう。

ある人は、毎朝ほかの家族よりも四五分早く起きて、一杯のコーヒーを持ってリビングに静かに座ることで、なんとか孤独の時間をつくった。また、ある人は、毎日仕事が終わったあと、三〇分をジョギングにあてた。一人で運転をする時には、必ず、海鳴りの音と寺院の鐘の音のカセットをカーステレオで聴くという人もいた。また、屋根裏部屋をきれいに掃除し、いつも夕食後の一時間はそこで一人で静かに過ごすという人もいた。

(3)ニュートラルゾーンの体験を記録する

日常の細々したものごとに気を取られていると、ニュートラルゾーンの大切な体験に気づきにくい。しかし、一日や一週間の終わりに振り返れば、それらがより明確になるかもしれない。それは、草原を歩いている時には見えにくいが、振り返るとできている道のようなものである。重要なのは、この体験を記録することであって、些事を日記につけることではない。

把握すべきなのは、そうした体験をした日や週のことである。本当は何が起こっていたのか。もしくは、何が起ころうとしていたのか。そのときの気分はどうだったのか。ぼんやりとではあっても、何かを考えていたのではないか。いつもと違う困ったことが起きてはいないか。どんな決定がしたかったのか。どんな夢を覚えているか。

「そんなことを言われても、わかりません」。講義のあと、私のところにやってきた男性が言った。「私は自分のいるところがどこかわかりません。でもともかくどこかに行きたいんです。このニュートラルゾーンで、記録することなんか何もありません」

そう、たしかにパラドックスである。空虚感について述べた時、そこには心に刻むべき何かがあると私は示唆した。何か外側から変えることが必要であると思いがちだが、そうした考えに流されないように気をつけよう。

アメリカの思想家ラルフ・ウォルド・エマーソンはこう書いている。「ある人間の状態は、彼が発した質問に対する象形文字で書かれた答えである。彼はそれをまず生きて、後にそれが人生の真実だったと理解するのである」[6]。われわれはその象形文字を解読していき、その作業を通じて今経験していることの意味を見いだしていく必要がある。

体験を記録する時には、焦らず落ち着いて、言葉に表してみよう。そうすると、その漠然とした体験から形が現れ始める。このとき、見えてくるものをあまりに期待しすぎてはならない。私は一度、こうした記録をつけていて、あることに気がついた。私は自分の人生が投げかけている（と思っていた）質問の「答え」を待ち焦がれるあまり、自分自身の心が答えを次々と導きだしていく内的経験を見失っていたのだ。

ニュートラルゾーンから与えられる贈り物はリングサイド席のようなものだ。あなたも私のようにそこからニュートラルゾーンを、つまり、心が「現実」を作っていく様子を、観察することができる。一度このような経験をすれば、自分自身や自身自身の苦しみをそれほど深刻に捉えずにいられるようになってくるだろう。

(4)自叙伝を書くために、ひと休みする

なぜ自叙伝を書く必要があるのか。しかも今、この時期に。それは、これまでどう生きてきたかを理解することによってのみ、これからどう生きるかが見えてくることがあるからだ。回想は、何かが終わった時の自然な衝動である。何かを終える時には、過去を振り返り、整理しないと気が済まないものだ。過去を回想すると、昔のトランジション体験から有益なことが学

べる場合がある。なぜなら過去とは人の想像の産物であり、おそらく見直す必要があるものだからである。

「過去」として思い出されるのは、実生活のごく一部である。膨大な過去のほんの一部を抜粋して、それによって「現在」を説明しようとするわけである。イギリス人作家ジョージ・オーウェルの作品『一九八四年』のスローガンの一つは、「現在をコントロールする者は過去をコントロールし、過去をコントロールする者は未来をコントロールする」[7]である。オーウェルは皮肉な言い方で、現在の状況が過去を意味づけ、そのように意味づけられた過去が特定の未来を導いてゆく、ということを正確に示している（ご承知のように、歴史はその世界の中で常に意図的に書き換えられてきたのである）。現在を変えようとする場合でも、その変化の可能性と限界を規定するのは過去なのである。

このように、トランジション中に過去を顧みることは、多くの理由で意義がある。なかでも、新しい現在の視点から見ると、過去がかなり異なって見えるということは重要である。過去は、そこにただ存在する風景や花瓶のようなものでなく、むしろ、創作者を待っている素材なのである。

ある人は回想する。

「僕はピッツバーグに生まれた。姉が二人いて、祖母が一九五三年に死んだ。いや、一九五四年だったか。そのころ、父親が仕事で長期の出張をした。彼は土産に、家族全員にセーターを買ってきたんだった。そして、……母親はひどく沈み込んでいるようだった。姉は、出張前に両親が大喧嘩したと言った。姉は二人が本当にそのまま別れるんじゃないかと心配していた。どうして僕はそう思わなかったんだろう。

ともかく、あれは一九五三年だった。そして、……待てよ。たぶん、両親はあのとき、別れたんだ。その夏、僕は突然、叔父のところに連れていかれて、喫茶店のウェイターの仕事をやるように言われたんだ。もう少しで預けられるところだった。そのときにはわからなかったが、あれは僕の人生の十字路だった。もし叔父の家に留まって、翌年から大学に行かなかったら、僕はどうなっていたんだろう」

記憶の糸をたどっていくと、「過去」が変わっていることに気づくだろう。何年も忘れていたことを思い出すとか、確信していたことが実際はそうでなかったと気づくこともある。過去がそれまで考えていた通りでなかったら、現在も変わってくる。現在はこうだと思っている観念を手放すことは、新たな将来を得る近道となるかもしれない。ニュートラルゾーンから見ると、ものごとが違って見える。「終わり」の過程で手放すものの一つは、過去を特定の見方からだけ捉えたいという欲求なのである。これを手放していくことで、今まで通り将来のことを考えたいという欲求を手放していくのである。「そうだ、過去を手放せば、未来の可能性が広がっていくんだ」

(5)この機会に、本当にしたいことを見いだす

あなたは一体、何がしたいのだろう。日常の環境にはまりこんでいる時には、人は自分がしたいことをわかっているが、単にそれができないだけだと思っている。「……ができたらなあ」というのは常套句である。しかしながら、トランジションに入ると、多くの人が苦しい変化を体験する。自分を制限する環境も終わりを迎えるので、人は自分のしたいことから目を逸すことができなくなる。ここでの決まり文句は、こう変わってしまうのだ。「本当にしたいことがわかったらなあ……」

トランジションに入るとわかるのだが、自分の本当の欲求は、罪悪感や葛藤によって覆われているので、ふだん考えているよりもはるかにあいまいなものである。子どものころ、わがままだとか、何かを手に入れても満足しないと言われた人も多いだろう。おまえはそれが欲しいと思っているだけだ、と言われたこともあるかもしれない。「おまえは本当はそれが欲しいわけじゃないんだ。……大きくなったらわかるよ。……本当はママを喜ばせたいんでしょう?」と。また、望みが無視される経験が積み重なって、落胆による心の痛みが大きくなりすぎると、真の欲求を意識から排除して自分を守るようになってしまうこともある。

このような年月を重ねて、今となっては欲しいものがあまり得られない状態になっているので、あなたは自分が何を求めているのかわからず、混乱してしまうのである。この困難をくぐりぬけ、本来の願望を未来につなげていくためには、どうしたらいいのだろうか。その答え

は、自分の欲求をどんなやり方で抑圧しているか、どうしたら抑圧しないですむかを理解することにある。たとえば、次のようなことを試してみたらどうだろう。

ここで、食事をとる場面を想像してみよう。今は、何でも好きな物を値段を気にせず食べたいだけ食べられるとする。ここで、しばらく読むのを止めて、今、何が食べたいか考えてみよう（実際、次に読み進む前に一、二分考えてほしい）。

この疑問に対して、あなたはどう反応しただろう。答えを思いついた人もそうでない人も、答えの内容はさておいて、答えを考えた過程を思い起こしてみよう。あなたはどんなふうに考えただろうか。

①心の中で、口や胃に相談してみた。
②歴史のテストの時のように、答えをイメージしようとした。
③メニューを想像して、いろいろな可能性を考えた。――ハンバーガー……いや違うなあ。ポテトフライ……脂っこいか。アイスクリーム……うーん、太るかな。
④最近食べておいしかった物を思い出そうとした。
⑤好物を思い出そうとした。
⑥いったん答えを出してから、バカげているとか変だとか思ってやめにした。

本能的に欲しいものがわかる人もいるようだ。彼らはいつも口や胃から答えを得る。しかし、多くの人は「答えにたどり着く」ために、ある戦略をとる。もしあなたが後者なら、愛情や仕事、人生の選択に対する、さらに重要な欲求を探る際にも同じストラテジーを採る確率が高いだろう。

ニュートラルゾーンにいる時には、本当に自分の人生で何がしたいのかがわからずに、深刻な事態に陥るのである。覚えておこう。欲求そのものをどうにかしようとする必要はない。ただそれに気づけばよいのだ。「あなたが何かに魅力を感じているという事実」「あなたが何かに興味を抱いているという事実」を否定し自らの行動を抑制するのは、自分の首を絞めるようなものである。[8]

(6)もし今死んだら、心残りは何かを考える

もし今、頭の上に大木が倒れてきたら、あるいは心臓麻痺が起こったら、どうなるだろうか。人間は、それで一巻の終わりである。あなたの人生は終わってしまう。あなたのしてきたことは、記録帳の中に残されるものだけになってしまう。そして、あなたがしようと思っていたことも、その思いとともに消えてしまう。

仮に、あなたがあなたの友人だったとして、地方新聞や学校の同窓会の機関誌にあなたの死亡記事を書くことになったとしてみよう。あなたについてどんなことを書くだろう。人生のす

べてではなく、あなたが生きてきた間にしたことと、しなかったことを書くのである。

実際に死亡記事を書いてみるのもいいだろう。それは自己分析の練習になる。気が進まないのなら、少なくともしばらく時間をとって、紙の切れ端にでも、メモ程度に書き取ってみればどうだろうか。

通例のように、生年月日、両親、兄弟、学歴、所属、賞、趣味、そして最後の言葉を書く。「死の直前、彼（彼女）は……」。さて、何と書けばよいだろう。「新たな始まりへの模索をしていた」「打ちのめされていた」「暗い気分で家から数マイルのところにいた」「脅えながら走っていた」「他者の期待に応えようと最後までがんばっていた」……。

「終わり」はある意味では死ぬことなので、死亡記事は、過去を語るのにぴったりの文章である。ニュートラルゾーンの空虚の中にいるあなたは、過去をどう考え、どう感じるだろう。過去の生活の中の何が心残りになっているだろう――どんな夢が、どんな信念が、どんな能力が、どんな考えが、どんな素質が実現されなかったのか――。

あなたは、転換点にいる。今まさに、次の局面が姿を現そうとしているのだ。今こそ、あなたの人生で何か違うことをしたり、うまくあなたを表現するチャンスである。新たな章を開く絶好の機会なのである。

(7)数日間、あなたなりの通過儀礼を体験する

何度も言うようだが、古い通過儀礼をそのまま体験するのは不可能である。異なる生物からの移植が困難なように、それらが現代の環境にとけ込むことはまずない。それらの儀礼はわれわれがすでに失った感受性にもとづいて、それに合うようにつくられている。また、そういった儀礼は、ほかの儀式や精神的訓練とともに、彼らの生涯に組み込まれているのである。

しかし、だからといって、あなた自身の内的な変化を確認したり、表現する方法がないというわけではない。これまでに述べてきたように、トランジションの過程で、孤独な空白の時を過ごしている間に、その作業が無意識的に起こることも多い。

私がここで勧めているのは、いくつかの通過儀礼を学んで、それらを自分なりにつなぎ合わせることではなく、このニュートラルゾーンの局面にいる間に、しばらくじっくりと閉じこもって、本来の自分を見つめてみてはどうかということなのである。数日間、一人になり、自分の人生の中における目下直面しているトランジションの意味について意識的に振り返ってみるのである。

滞在先はなじみのないところで、日常生活の影響から自由な場所が良い。これは昔のイニシエーションの旅と同じである。より単純で静かな環境であるほど、より内的な作業に入りやすいだろう。食べ物は質素にし、食事の量も少なくすべきである。読む価値があると思っていたすばらしい小説などは家に置いて、娯楽によって気が紛れないようにする。ノートを持っていくのはよいが、滞在中に何かまとまったものを書こうなどと思ってはいけない。

この引きこもりは、空虚への旅であり、感受性を培うための時間である。多くのものを置いてくるほど、新しいものを発見する余地が広がる。真の「体験」が訪れるまで、何をするにも気を散らさないで、心して行動しよう。お茶を沸かすのも、靴をはくのも、窓から薮の中の鳥を見るのも、それらはみな、真の体験なのである。どんな小さなことでも心を向ける価値がある。それらが壮大な交響曲の楽譜を形成しているのだ。

その気になったら、一晩徹夜をしてみるといい。火を絶やさないでいるとか、ときおり何か飲むという以上の活動はしないで、ただ一晩中目覚めているのである。覚醒状態を保つのだから、横になるよりは座っていたほうがよいだろう。ときどきは立ち上がって、室内を歩くのもいいかもしれない。

ニュートラルゾーンの引きこもりには特別な秘訣はないし、瞑想すべき偉大なテーマがあるわけでもない。ただ、人生の中の現在の地点にふさわしい環境で、しばらく生活するだけでいい。古い現実の眼鏡をはずし、世界を新たな視点で見るのだ。

この特別な時を活かすために、あなたが感じた予感とか、偶然の一致とか、湧いてきた馬鹿な考えとか、朝目覚めた時に憶えている夢とかを書き留めておこう。象徴的な意味がほとんどなさそうなことでも、その場所でできそうなことがあればやってみる。ある人は、棒切れでひっかいて図形を描き、その中に座った。去年やろうとしていたことをすべて書き出し、その紙を燃やしてしまった人もいた。満月に話しかける人もいた。新しく見つけた杖の取っ手に奇妙ならせん形を彫り上げた人もいた。

そういった行動にどんな意味があるかは、あとからわかるものだ。ここで大切なのは、そのプロセスの中で何が起こっても、それに没頭することだ。

しかし、ひと言注意しておくことがある。それは、このようなプロセスに身を委ねることを、無謀な行動をする言い訳にしてはいけないということである。真夜中の森を歩けば、あちこち漆にかぶれて途方に暮れるかもしれない。波間を一人で泳ぐのは生命に関わるかもしれない。今は、ふだんならしないことをする時ではあるが、自分を傷つける時ではない。

要するに、今は何をする場合でも、まるでそれが古代の儀式や苦行の一部であるかのように、全身全霊で取り組むのである。一生に一度ぐらい、何かの成果を出したり、何かをやり遂げたりしなくてもいい時があっていいのだ。楽しい時は楽しみ、退屈な時は退屈でいる。孤独な時は孤独で、悲しい時は悲しめばいい。

今の経験に対して、それ以上の反応はない。あなたが感じているものはすべて、あなた自身である。あなたは、まさに一人の人間としてそこにいるのである。

ニュートラルゾーン――内的な再方向づけの時

そもそもトランジションは、一種の潜在的な通過儀礼なので、その時期には人生は否応なく象徴的な色彩を帯びる。象徴性について考え、小さな個人的儀式を編み出したりするのはセレモニーのためではなく、単に自然なトランジション・プロセスをより明確に把握するためである。

死、ニュートラルゾーン、再生という一連の観念は、われわれが考え出したのではなく、われわれが人生に見いだした現象である。それを見いだす秘訣はただ、ありのままにそれを見ること――見慣れたものごとの表面的な姿ではなく、深い層で動いている真のありさまを見きわめることである。

過去の人生と新しい人生のはざまにあるニュートラルゾーンは、とくにそのような洞察に満ちたひとときである。私はトランジション・プロセスを描写するに際して、読者の理解を容易にするために、意識的に単純化している。

たとえば、トランジションの順番は「終わり」「ニュートラルゾーン」「新たな始まり」と言ってきた。しかし、人にはそれぞれの人生があり、必ずしも順番通りに進むとはかぎらない。私がニュートラルな中間地帯と呼んでいるものは、目に見える「終わり」に先行するかもしれないし、「始まり」と思われる時期のあとに来るかもしれない。

「終わり」の前にニュートラルゾーンが来るのは、誰かが職場や家庭で「死に体」になった時に見られる。そこには「終わり」も離脱もない。仕事も人間関係もそのままである。ただ、その本人がそこにいないのである。その人は、情緒的にプラグを抜かれた状態になっている。こういう状態は、現在の状況を終結させようと、心の中で決めてしまった時に生じることがある。外的状況は変わっていないにもかかわらず、情緒的にはすでに「終わり」になっていたのである。

また、最終的に自分自身でうまくいかないことを認めて、古い夢を手放した時にそうなることもある。この場合も、外の世界は今までと変わってないのに、微妙な内的終結が起こっているのである。ニュートラルゾーンが過去の人生と重なってしまうと、人は夢遊病者のように自分たちに与えられてきた役割にそって手足を動かしているだけになる。

また、外的な「終わり」と新たな「始まり」が連続していて、その間にニュートラルゾーンの入る余地がない時もある。たとえば、ある町からほかの町に引っ越してすぐに新しい生活を始めるとか、休職期間なしで次の仕事を始めるとか、すぐに新しい人間関係が始まって、かつての関係が切れた後の孤独な時期が存在しないといった場合である。このような場合には、新しい「始まり」にうまく溶けこんだあとで、すべてが奇異に見えて現実感がわかないという事実に気づくことが多い。そういうとき、人はたいてい、「まだ、新しい状況に慣れていないんだ」と言う。たしかに、状況や町並みにもっとなじんだら、奇異な感じは少なくなるだろう。しかし、ニュートラルゾーンが少し遅れてやってきたことで、奇異な感じが生じたとも言えるのである。

内的な「終わり」がすでに起こっているために、ニュートラルゾーンと過去の状況が重なるにしろ、内的な新しい「始まり」がまだ生じていないためにニュートラルゾーンと新しい状況が重なるにしろ、ニュートラルゾーンは、内的な再方向づけの時であることにまちがいはない。

トランジション・プロセスは、近代社会が最も軽視してきた局面である。近代社会は、人間を自由にプラグを差したり抜いたりする装置や、キーを回して止めたり発車させたりする車のように扱ってきたので、休養とか、冬の期間とか、音楽を聴いて休憩することの大切さを忘れていたのである。われわれは儀式を通じてニュートラルゾーンを体系的に扱うことをやめてしまった。そのかわりに、個人的変化をまるでただの機械の再調整のようなものとして扱おうとしてきたのである。[9]

事実、「ニュートラルゾーン」はトランジションの本質的機能が遂行される期間である。これは、内的な再方向づけや再調整がされる期間であり、ほとんど気がつかれないうちに、われわれが人生のある季節からほかの季節へと移行する期間でもある。このような変化は「終わり」なしには起こらないし、新たな「始まり」なしには実を結ばないけれども、真の変容作用が働くのは必ずこのニュートラルゾーンにおいてである。人々はよく当時を振り返って、「そのときは何が起こっているのか分からなかったけれど、すべてはあのころに起きたんだ」などと言う。ニュートラルゾーンにいたころを（彼らは「ニュートラルゾーン」という言葉は知らないのだが）回想しながら、人々は口々に、「あのころは将来何が起こるのか分からなかったし、自分自身が誰であるのかも一向に分からなかった」と言う。もしも、この中間地点に留まっている間に感じたことや行ったことの意味を見いだす手段があれば、彼らはそれらについて語ることができるはずである。

不幸なことに、離脱、解体、アイデンティティの喪失というプロセスを通過する時に遭遇する喪失感や混乱に意味を見いだせる人はほとんどいない。この状態を切り抜けるための鍵がないと、結果として起こる「方向感覚の喪失」も混乱としか思えず、混乱した人々は自分には改心したり修理されたりする必要があると思ってしまう。こうした鍵を持たずにトランジションにいる人々は、兎の穴の底でぶつぶつ言っているアリスにも似ている。

「みんなが穴に首をつっこんで、『さあ、もう一度上がってらっしゃい』といっても無駄だわ。私は見上げて『じゃあ、私は誰？』と言うだけよ。彼らがそれを言ってくれて、それが自分のなりたい人なら、私は上がるわ。でも、そうじゃなければ、私は誰かになるまで、この穴の底にいつづける。だけど、なんてことでしょう！」。アリスは突然涙を流しながら叫んだ。「私はみんなに声をかけてほしいのよ。ここでずっと一人でいるなんて、もうあきあきしてるのよ」[10]

地の底は孤独である——ただし、人々が予想する以上に、多くの人がそこにいるのだが。歴史学者アーノルド・トインビーが指摘したように、創造的な人たちは常に再生の前夜に、この兎の穴や洞窟や深い森の中のようなところに引きこもる。彼はそれを「引きこもりと復帰のパターン」と呼んで、それを聖パウロ、聖ベネディクト、グレゴリー教皇、ブッダ、モハメッド、マキャベリ、ダンテの人生に見いだしている。[11]

偉人たちもニュートラルゾーンの暗闇を手探りで進んだことを知ると、心強い感じがする。もっとも、われわれの場合は茨の道に出くわすのではなかろうかとか、生涯菩提樹の下で過ごさなければ悟りに至れないのではないかといった疑念も生じるだろう。われわれの人生はより小さな筆で描かれるだろうし、発見の瞬間もそれほど偉大ではないだろう。しかし、このパターンは同じであり、その気になれば、それを自分自身の過去に見いだすこともできるのである。

第7章　新たな何かが始まる

半分なしとげた時こそ、
ものごとが始まるのだ。

ホラティウス『エピストレス』[1]

「始まり」は印象に残らない形で生じる

トランジション・プロセスと同様、この本も終わりにきてはじめて、「始まり」にたどり着いた。「終わり」と空白のニュートラルゾーンを体験したのちに、われわれは、新しく生まれ変わって、船出できるのである。それは、かつての人生の構造や価値観を解体し、ニュートラルゾーンを経た旅が終わった時である。

この単純な真実は、現代の機械的文化にそぐわない。われわれは何事もスイッチやキーでスタートする世界に生きている。何かがうまく動かない時には、どこが悪いかを発見するための手順がある。そして、どこか悪いに決まっているのだ――機械は動かしたい時に動かせるようにつくられているのだから。

このような考え方は、出産という、人生のそもそもの始まりに対する態度にまで影響している。多少は変化がみられるけれども、これまでアメリカでは、出産は外科的医療とみなされており、妊娠は一種の障害のようにみられてきた。赤ん坊が「取り上げられ」、母親は「寝かしつけられる」。医者や看護婦といった技術者が、その作業を進めるのである。

こういう態度は広範囲に及ぶ。社会は誕生を捉えるのと同じやり方で、再生を捉えるだろう。人生のそもそもの始まりから機械のように扱われるのだから、その後の人生におけるさまざまな「始まり」がどう捉えられるかは、推して知るべしである。すなわち、「始まり」は、止まっている物をふたたび動かす時としてしか捉えられないのである。事態を十分把握できないために、心理学の「産科医」が、われわれを困難な状況から取り出し、背中を強くたたいて、再び生き返らせてくれるという想像にふけりがちである。

新たな「始まり」をテーマにした本章を読んでいる間も、人生が停止し、ふたたび動かなくなった時の対策がどこかに書いてあるに違いないと、心待ちにしている人がいるだろう。その苦しみはよくわかる。というのは、私自身、常に、その問題に悩みつづけてきたからである。

一体どのようにしたら、「終わり」が完結したことや「ニュートラルゾーン」に十分留まったということがわかるのだろう。あるいは、どの道が本当の新たな「始まり」につながるのか、どの足跡が本当の道を示すのか、あるいは消えかかったものの中で、どの印が本当の足跡を示すのか、どうしたらわかるのだろうか。私はいまだに思いあぐねている。

人生の新しい局面について語るのは大いに結構なのだが、それは小学校にある地図のように色分けしてあるわけではないのだ。私はときどき、理解することよりも、ともかくこの状態から逃れる出口や簡便なマニュアルがあればいいのにと思う。しかし、そんな思いにはおかまいなく、人生は進んでいく。そして、機械を再始動させようと無駄な努力をしている間にも、実は、われわれは再生や変化に必要なことをあまり意識せずに行っている。

大半の新たな「始まり」は、それとなくあまり印象に残らない形で生じるものである。にもかかわらず、人々は、何かを始める時は、はっきりと決意して始めるべきだと思い込んでいる。イギリスの作家ジョン・ガルズウォージーは、この点について的を射たことを書いている。「始まりは、……人間の試みの中ではあいまいなものの一つである」[2]

自分自身の過去から印象深い「始まり」を拾ってみよう。こんな出来事はなかったろうか。長年会ってない友人に偶然出会ったところ、その友人が、その朝始めたばかりの会社の仕事を手伝ってくれないかと話し出した。本当は気乗りがせず、行くのをやめようかと思っていたパーティに参加したら、将来の結婚相手に出会った。はしかで療養中にギターを習い始めた。スペイン語の講義が朝早くから始まるのが嫌で、受講科目をフランス語に変えた。友人宅にひょっこり立ち寄った時に、テーブルの上にあったのでたまたま手に取って読んだ本が人生を変えた。しかも、その本はかつて読もうとしたが退屈で難解だったので脇へ置いたものだと、後日、気がついた。

これらの体験から得られる教訓は、新たな「始まり」をスタートさせる準備ができていれば、機会はすぐに見つかるということである。ある出来事は、ある状況における本当の新たな「始まり」になるかもしれないし、ほかの状況では興味深いけれどもあまり生産的でない脇道の現象であるかもしれない。これらの違いは、出来事がそのトランジションに対して鍵と鍵穴のような関係になっているか、あるいは符号化されているかどうかである。カード型電子キーがホテル内の特定の部屋のドアを開錠するよう設定されているように、カードのコードが読み取り機と一致した時、ドアは開き、すべてのことがまるで台本に書かれていたかのように起こり始める。コードが一致しなかった場合は、出来事は出来事にすぎず、あなたはまだニュートラルゾーンの中にいる。あなたのトランジションにおけるニュートラルゾーンは終わっていないのである。

何が終わっていないのか。それは内なる再結合とエネルギーの再補給である。どちらも、ニュートラルゾーンの混沌の中にどっぷりつかることを必要とする。それはまるで、それぞれの「人生」が新しい形と勢いを持ったものとして立ち現れるためには、ときおり純粋なエネルギーの状態に還元される必要があることを示しているかのようである。原初的な文化において、病人に対して創世神話が唱えられたのはこのためである。

エリアーデは、次のように書いている。

患者は世界が創造された時点に象徴的に戻された。すると、患者はふたたび元気を取り戻し、生まれたばかりのエネルギーに満ちあふれた状態になった。人は消耗した身体を修理したのではない。人はそれをふたたび造るのだ。患者はもう一度生まれねばならない。彼は誕生した時に持っていたすべてのエネルギーや能力を取り戻す必要があるのだ。[3]

文化によって「誕生」の捉え方が異なるのは当然だが、生まれ変わるために不可欠な苦痛や苦労を避けたいと思うのも無理からぬことである。

「始まり」を知らせるヒントとは

したがって、未来への道を指し示す外的なサインを期待するのと同じくらい、新たな「始まり」の接近を知らせる内的なシグナルに敏感になる必要がある。内的な徴候は「何か違うな」という、微妙な変化にもっともよく現れる。それは、音楽の中に新しい主題が導入される時や、そよ風の中にそれまでとは違う香りが漂ってくる時の感じに似ている。その徴候はかすかに現れるので、ほかの刺激が強い時はなかなか察知できない。われわれが、トランジションの時におのずと空虚や静寂を求めるのは、この徴候を捉えるためなのである。最初のヒントは、心の中に何かの観念が浮かぶか、あるいは外的な機会に恵まれるという形で現れるだろう。ただし、それが本物かどうかは論理的な妥当性によってではなく、内的な直感によって判断するしかない。

私が知っている人たちがトランジションに入った時には、最初のヒントが「観念」や「印象」、あるいは「イメージ」として出現することが多かった。その体験は一言では表現できないが、ある情景や活動のイメージが生まれ、それに心が惹かれるという状態だった。そのようなイメージが生じていても、それに気づいていない可能性もある。それは、ぼんやりとした白日夢のように、意識できるぎりぎりのレベルの体験なのである。

初期のトランジション・セミナーに参加した女性の一人は、障害児のために働くことを何年間も夢想していたが、それが自分のやりたいことだとは気づいていなかった。また、一人の男性はあるベンチャービジネスの構想を描いていたが、彼もそれが人生の次のステップへの潜在力を表していることには気づかなかった。

ときには、そのヒントが誰かのコメントという形でもたらされ、それが記憶に刻まれることがある。私の知り合いで、精力的に活動していたある作家が、友人にこう言われた。「君は下調べに重点を置きすぎるね。君の作品のいいところは、君自身の体験にもとづいている部分だよ」。このような意見はあまり記憶にとどまらないものだが、彼はその言葉が忘れられなかった。「頭から離れませんでした。まるで私の混乱のすべてを解決する言葉のように思えたのです。もっとも、その答えの本当に意味するところがわかるのに、一年ほどかかりましたけれど」

夢によって、ヒントがもたらされることもある。周知のごとく、多くの伝統的文化では、夢を人生の指針とみなすことを教える。セミナーに来た一人の女性は、織りの技能を生かして何か本格的なことをしたいと、以前からいろいろ考えを巡らせていた。彼女は言った。「クリスマスのマットもすばらしいけど、何か物足りない感じなんです」

そして、彼女は次のような夢を見た。「家に帰って自宅の中に入ると、左手に廊下が延びています。ほかには何もありません。ほんとに、白い壁があるだけなんです。その廊下の先の階段を下っていくと、幼い女の子のものとしか思えないような地下の寝室がありました。今までこの家にこんな部屋があるとは知らなかったので、とてもびっくりしました。でも、とても心が惹かれて、そこに誰が住んでいるのだろうと思いました」

彼女は、われわれが夢とその啓示について話している時に、こう言った。「そこがスタジオや美術ギャラリーだったらどんなにすばらしかったでしょう」。それからかなりたってから、別のサインが彼女に同じ方向を示唆した。

それによって彼女は、自分がタペストリーに描きたかったものは、自分自身の子ども時代の空想の世界だったことを悟ったのである。こうして、彼女は本格的なタペストリー職人としての人生を歩み始め、やがて成功をおさめた。

「始まり」は深い願いを捉え直すことから

われわれと同じように、彼女も人生から得られたサインを文字通りに見すぎていた。彼女は芸術家になりたかったが、それが可能かどうかを判断するきっかけが欲しかった。彼女は、誰かが絵の具セットを与えてくれるような分かりやすい答えを欲するあまり、目の前に進むべき道が開かれているのを、危うく見逃してしまうところだった。

彼女の夢はこう言っているかのようだ。「何かになろうとするよりも、何かをやってみることだ」。彼女が芸術家になろうとあがくのをやめたとたん、彼女はいままで気づかなかった、人生の不思議な回廊の探検に入っていった。そして、半分地下に埋もれた少女の世界で、彼女の本来の能力を開花させ、それを未来に繋げていくような視点を発見したのである。

真の「始まり」は、外的な変換というよりも、このような内的世界の捉え直しにもとづいている。というのは、深い願いと結びつく時（真の願望については第5章で検討した）、われわれは強く動機づけられるからである。このように動機づけられた人たちが、とても困難な状況を見事に克服して目的を達成するのを、私は幾度も驚きをもって見てきた。

たとえば、三人の子どもを連れて離婚したばかりの四〇歳の女性がいた。子どもの一人は重度の障害を持っていた。彼女は大学を出ていなかったので、低賃金であってもすぐに事務員として就職し、そこに落ち着くほうがよいと思われた。しかし、彼女は大学の先生になりたかったのだ！

「先の長い話ね」。誰もが彼女を諌めた。しかし、彼女は自分の道を一歩ずつ進んだ。彼女は大学に入り、大学院に進み、しばらく苦しいアルバイト生活をして、ついに、夢にみた大学教員の職を得たのである。

またある医者は、四〇代に入ってからも交響楽団の打楽器奏者になりたいとずっと思いつづけていた。彼は大学生のころ、家族の圧力に負けて、そのような「現実的でない」夢を追うことを断念した。五〇歳の今、彼は周囲の期待に応え、ある程度の財産も蓄えた。彼は快適なマンネリズムの中で機械的に仕事をこなしてはいたが、人生の空虚感に苛まれていた。

ある夏、友人の娘が音楽学校に行き、オーケストラで演奏した。彼は気がつくと、同じことをする自分を夢想していた。翌年、彼は一カ月の休暇を取り、夏期学校に通った。その衝撃はものすごいものであった。その月の終わりまでには、彼は決心していた。

しかしながら、この転換は容易ではなかった。というのは、生活を経済的に立て直す必要があったからである。それは、今までとは違う投資を意味していた。彼は小さな家に転居し、子どもの学費を完済するために新しいローンを組んだ。患者の治療を終結し、煩雑な診療活動をやめて、自分の時間を作るのも大変だった。しかも、言うまでもなく、多くの時間をレッスンやオーディション、練習にあてなければならないのだ。家族や友人は、そんなことをしたら富も快適な生活も失うことになると反対した。

しかし、彼は決行した。最後に彼と話した時、彼は言った。「ときどき、以前の生活が恋しくなることもあるけど、今までこんなに幸せだったことはなかったよ」

私がこれらの例で転職を強調しているのは、人々がよく「夢を実現する方向に動けないのは、お金や時間の問題があるからだ」というためである。しかし、ご存知のように、このような例は非常に多いのだ。最近まで直線的人生、生涯一つの仕事というイメージが一般に支配的だったので、いかに多くの人が成人期の間に完全なやり直しをするかということが見過ごされてきた。ましてや、そのような転換点から、しばしば重要な業績が生み出されてきたことは、ほとんど知られていない。

たとえば、アメリカ人なら誰でも、学校で若かりしころのリンカーンについて習う。貧困にもめげず、大志をいだき、強い責任感と開拓者精神を持った少年のころのことである。歴史の本は、まるで偉大な大統領が子ども時代にできあがったかのような書き方をしている。しかし実際は、そうした子ども時代のあとに、あまりぱっとしない青年期が続いたのだ。

彼はいろいろなことに手を出し、結婚生活もうまくいかなかった。議員になってからも月並みな日々が続き、今日ではうつ病と診断されるようなひどい状態に陥ったときもあった。彼が歴史に名を残すような人生を歩むのは、少年時代からではなく、三〇代の意義深いトランジションからなのである。そのときになってはじめて、彼は自分がどこに向かっているのか、何が現実にできるのかを見いだした。内的なニュートラルゾーンの暗闇の時期を抜け出して、リンカーンは、未来に花咲く種を見つけた。そのときから彼は、数年前には誰も予想できなかったような急激なスピードで大統領職にまで駆け上がったのである。

ガンジー、エレノア・ルーズベルト、カルカッタのマザー・テレサ、詩人ウォルト・ホイットマンなど、成人期のトランジションを経て、豊かに生まれ変わった有名人は数多い。本当にしたいことを発見して、それから変わっていった人もいるし、人生に導かれるようにしてトランジションに入り、その機会に人生を捉え直し、これまで宿命のように見えていた仕事をもうやりたくないと思った人もいる。

本当の自分自身になること

このような例ばかり取りあげると、偉大な人とか非常に才能ある人だけが、トランジションを通して、自己再生の道を歩むのだと誤解されるかもしれない。成人期に新しいスタートを切れるのは、特別な人だけだと思ってしまう人もいるだろう。こうした著名人はトランジションをうまく乗り切って成功している。だからわれわれは、新しいスタートを切ろうとする時に疑いを感じたり混乱したりするのは、タイミングが悪かったり、能力が不足していたり、進むべき方向がまちがっている証拠なのだと思いがちである。

しかし、実はそうではないのだ。このことを、新しい「始まり」に挑む人はよく理解しておかなくてはならない。新しい「始まり」は誰でも簡単にできるし、しかも、誰でも苦労するものなのだ。新しい「始まり」を望む気持ちが大きい時には、まるで不幸に踏み出して行くのを止めるかのごとく、自分の中のどこかで抵抗が起こる。現れ方は多少違うけれども、誰もがこうした不安と混乱を抱えている。

そして、どのような形をとるにせよ、そうした動揺は、これまで自分を自分たらしめてきた古いあり方、ニーズに応えてきた古いやり方が、新しい変化によって破壊されるのではないかという恐怖心から生じているのだ。

本当の願望にもとづいて行動するということは、「世界にたった一人しかいない私という人間が、ここにいる」と宣言しているようなものである。それは、成人したころには想像もできなかったほど深い意味において、自分自身になることでもある。最初の大人になるプロセスは独立を伴うだけであるが、自分自身になることは個人の確固たる動機と自律を伴っているのである。

偉人たちはその方法を示してくれているが、彼らは模範となるために、自分が混乱した事実を隠していることが多い。エレノア・ルーズベルトは、三五歳の時に訪れた苦痛に満ちたトランジションを振り返りながら、こう書いている。「発達の道筋のどこかで、われわれは自分が本当は何者なのかを発見し、それからは、自分で責任を負う、真の決断を行っていく。その決断は、第一に自分自身のためになされなくてはならない。なぜなら、人は、たとえ自分の子どもの人生でも、けっして他人の人生を生きることができないからである」[4]

ここでは言及されていないが、彼女は、死ぬほどつらい失意と方向喪失の時期を経て、ようやくこの発見に至ったのであった。彼女は、夫が自分の親友と関係しているのを知った。彼女が自分の羞恥心と自信のなさに打ち勝って社会に登場し、彼女本来の生き方を貫いて社会的に重要な人物になったのは、家庭の安定の夢を砕かれたことに端を発しているのである。そして、彼女はその後の人生でその地位を保ち続けたのだった。

「始まり」は内的な抵抗を伴う

新たな「始まり」に成功するためには、じっと我慢する以上のことをしなければならない。われわれの内界に、問題解決を阻むものや、計画に疑問を差しはさむものが存在していることを理解すべきである。

セミナーにいた一人の男性が、この事実に気づいて言った。「私の中には、古顔の頑固な移民が住み着いていましてね。新しいものを死ぬほど恐がっているんですよ。そいつは、生き残るためには、何事も今まで通り、ゆっくりと安全な方法でやるしかないと信じ込んでいるんです」

彼は科学者であり、両親は移民で、市街地の路地の狭いゲットーで人生を送った。彼は多くの外的変化を成し遂げてきたけれども、一方で、いまだに、幼少期に叩き込まれた安全な掟に従っていた。「冒険するな！　そうすればなんとかなる」。彼の人生は、警戒心でできたクモの糸のようなものであった。糸がかすかに揺れても、彼は自分の全人生を脅かすような恐怖を感じたのである。

その彼に、トランジションが訪れた。結婚上の問題だった（妻は自分がクモの糸にかかったハエのように感じ始めた）。それは、仕事、健康、経済的な問題にまで発展する危険性を含んでいた。しかし、彼は冷静に事態に対処し、自分がなすべき変化を理解した。彼は、より自由で新しい関係を妻との間に結ぶことによって、ある種の興奮さえ感じていた。「彼女を拘束していた手をゆるめることで、私自身も自由になれました。看守も、実は囚人だったんですね」と彼は言った。

しかし、前進へのステップが内的警戒システムを始動させた。彼は混乱して退行し、昔のやり方に戻ろうとした。ある日、彼は新しい人生を始める用意ができたのだが、この期に及んで、彼は他人の意気込みや自分自身の意欲に疑問を感じ出した。

「俺は何を証明しようとしているんだ」。彼はいらいらしながら考えた。「今まで通りの人生でも、そんなに悪くないじゃないか」。そして彼は、その後しばらく変化に抵抗し、当時、心から望んでいたはずのより大きな自由、活力、新しい目標に向かう意欲を失ってしまった。

この男性は、トランジションへの内的な抵抗が強く、自分一人ではどうしようもなくなったので、心理療法を受けることにした。しかし、多くの人たちは、これほどではなく、内的抵抗を突き止め、それが示す症状を理解できれば、それで十分である。内なる反動主義者（ある女性はこう呼んだ）が、トラブルを引き起こす。彼女は自分自身が知らないうちに、好戦的で挑発的になっていることに気づいた。彼女はまるで、誰かに喧嘩をふっかけておいて、「さあ、これでわかったでしょう。私が変わるのを邪魔しているのは、彼なのよ」と言わんばかりであった。

また、このような人たちは、新たな「始まり」が見え始めた時点で、思いがけず抑うつ状態になることもある。よく調べてみると、こういう人の心の中では、例の反動主義者がこうささやいている。「いいとも、俺の言う通りにしないのなら、このショーをお開きにしてやるぞ」

あるいは、人は次第に混乱し、自分の望んだことを忘れてしまうかもしれない。そのとき、内なる反動主義者はこう言っているのではないだろうか。「俺の警告に耳を傾けないというんだな？　よし、いいだろう。俺はお前の頭をボケさせて、お前がどこにいるか思い出せないようにしてやろう。そうすれば、お前の計画している大旅行はお流れさ」

まるで、われわれの心の中には「今の自分」を好ましく思う何者かがいて、トランジションの過程で自主的になりすぎることを恐れた時にはいつも、われわれを保護の鎧の中にいれてしまおうとするかのようだ。ある人は少しでも危険があると、その何者かが動き出すのを感じるし、またある人は寒いところから戻ってひと息つくたびに、怠け心が起きてくる。活動しないほうが安全だと感じる人もいるし、絶えず動くほうが安全だと感じる人もいる。しかしいずれにしろ、新たな「始まり」は、長年培ってきた体制をひっくり返してしまうのである。

「始まり」は確執や裏切りの感覚を引き起こす

同じようなことが、外的な人間関係においても生じる。新たな「始まり」は、しばしば確執や裏切りの感覚を引き起こす。ある人が急に変わってしまうと、相手は危険を感じ始める。というのは、ここでは、それまでの両者の関係の基盤にあった暗黙の了解を、再協議の末に新たな共通認識として築き直さなければならないからである。

これまでのように、「あなたがこうして、私はこうしましょう」というわけにはいかない。「今は私はこうしたいので、あなたは……えーと、あなたもちょっと変わらなくちゃいけませんね」というふうになるからである。

この関係性の変化はオープンに、そして誠実な態度で行われてはじめてうまくいくものである。妙に隠したり否認したりすれば、相手の抵抗を増すだけだろう。その人の人生における本当の新たな「始まり」と、「終わり」に対する単なる防衛的反応を、しっかりと区別することが大切である。どちらも人間関係に緊張を強いる。ただし、「始まり」のほうは賞賛されるべきものだが、防衛的反応は古い状況やニーズをそのまま存続させるために編み出された新たなやり方にすぎない。

たとえば、セミナーの二回目か三回目に、一人の男性が苦々しい表情をして、いら立った様子で入ってきた。四〇年来の結婚が危機状態にあり、その原因はすべて、自分の最近の退職に妻が適応できていないことにあると言うのだ。彼は、妻が給料のためだけに彼を必要としていたと思い始めていた。彼は大きくため息をついて、妻はただの人間になってしまった自分のような男を好きではないのだと嘆くのだった。

われわれはすっかり、彼に同情的な気分になった。そのとき誰かが、妻の側からするとどんなふうに見えているのかがわからないので、起こったことを正確に教えてほしいと言った。すると意外な事実が浮かび上がってきた。彼が妻のためにと思って台所を整理し直したために、妻は彼を家から追い出したのだった。

彼はかつては管理職の地位にあって、きちんとものごとをこなしていく几帳面な人間だった。その彼が、手持ちぶさたな新しい余暇の第一日目に、自分の才能を活かす新しい領域を発見した。食器棚の整理である。彼の妻は旅行から戻って、キッチンのものがすべて、今までと違う場所にあるのを発見した。各棚には丁寧に内容を示すラベルが貼ってあり、食器棚の扉の裏には食器のリストが書いてあった。彼は苦々しげに言った。「どうです。私は彼女のためにこんなに頑張ったんですよ」

彼は、自分の行為がトランジション・プロセスの一環だと信じていた。「今まで家事の手伝いをしたことなど、なかったんですよ」と彼は言った。「妻は私が変わっていくのが耐えられないんです」と彼は主張したが、変化していくことに耐えられなかったのは、あるいは新たな

「始まり」へと向かうトランジションの三局面を通過することに抵抗していたのは、彼のほうだったのである。それどころか、彼は古いスタイルと活動を新しいやり方で存続させていたのである。彼は「終わり」を避けて、その結果を「始まり」と勝手に呼んでいるだけなのである。

残念ながら、そんなときに「始まり」と防衛的反応を区別できるような心理検査はない。人生にはどの道を行けば前進し、どの道を行けば後退するかわからないことがしばしばある。それを見きわめるには、少しその道を進んでみるしかない場合もある。

しかし、進み始める前に、チェックしてみる価値のあることが二つある。一つはあなたをよく知っている人の反応である。彼らがあなたのやり方に賛成か反対かではなく、彼らがあなたがやろうとしていることを何か新しいことと評価しているか、それとも古いパターンの繰り返しと見ているかに注目するのである。

もう一つの指標は、トランジション・プロセスそのものから得られる。あなたはほんとうに「終わり」を経験して「ニュートラルゾーン」に突入し、そこであなたの望む「始まり」を見いだしたのか、それともその「始まり」は「終わり」を避け、「ニュートラルゾーン」の体験を放棄するための策略ではないのかという点を検討するのである。

真の「始まり」は、たとえ外的な機会によって気づかされるような場合でも、本当はわれわれの内界から始まる。不定型なニュートラルゾーンから新しい形が生み出され、不毛な休耕地から、新たな生命が息吹くのである。われわれはそのプロセスを支え、その質を高めることはできるが、結果を支配することはできない。しかし、その結果が形を取り始めたら、できそうなことはいろいろ出てくるだろう。

準備なしで行動し、結果を確認する

第一は単純なことだが、あまり準備せずに行動することだ。完全に準備しようとすると、きりがなくなるものである。内的抵抗の形態の一つは、もう少しだけ準備しておこうというものである。それはしばしば、もう少しだけ、もう一回だけ、というふうに延々と続くのだ。たしかに、どんな新しい仕事にもタイミングが重要である（何度も繰り返しダイエットを試みたり、禁煙を誓ったり、ジョギングを始めたことはないだろうか。そしてある日、ほとんど習慣のように「新たな誓い」を立てている自分に気づくのである）。

そう、本当に準備ができるまで、たぶん実際には始まらないのである。しかし複雑な準備作業で、本当の「始まり」が起こる確率が高まるのではない。機が熟した時には、準備は終わりにして、ただそれを実行するだけである。

第二は、新しい「始まり」がもたらした結果を確認することである。やり始めたことが何であれ、実際にそれが達成できた時はどんな感じがするだろうか。何かが今、達成できたとしよう。それを行ったのはあなたなのだ。みんながあなたを、そのことをやってのけた人物として見ている。彼らの目を通して自分を見ると、自信とは何かがわかるだろう。あなたは自分自身を、それほどのことができる人間として認識するのである。そうすると、今まであなたは人をそのような目で見てきて、彼らに物事をやり遂げる能力やパワーを与えてきたことが分かるだろう。そして、あなたはそれらを自分に足りないものだと思ってきたのだ。彼らがあなたと違うところ、彼らの優れたところは、あなたが彼らに着せていたマントだった。あなたは今、それを脱がせて自分の身にまとっているのだ。

私はよくこのルーティン・ワークを、新しいことを始める時に行う（読者は私が失敗から学び、二度と同じ自己卑下的な失敗を繰り返さないと思うかもしれないが、私はけっしてそのような悟りの境地に達したことはない）。

たとえば私が組織の重役たちに、彼らの大きな組織的変革のための計画はトランジションの観点から見ると、非現実的なものであると提言するとしよう。彼らは計画している変化への熱意に溢れていて、まさかそれがトラブルを引き起こすことになるなどとは聞きたくない。私がトランジションについて話し始めると、「この男は誰なんだ？　で、いったい何の話をしているんだ？」とでも言わんばかりに、疑い深い目で私を見る。

彼らは長机越しに私を見ていて、私は彼らのようなひとかどの人物に話している自分が、まったくとるに足りない人間だと感じる。彼らにやるべきことをアドバイスするなんて、何様だと思っているんだ。そして私は、自分の話がこんなふうに聞こえているのではないか、と不安になる。「みなさんは、すでに計画を立てられており、自分自身をその道のプロであると自負しておられるかと思いますが、少しばかりお尋ねさせてください。考えてみてほしいので……」

そこで私は気を取り直して、重役チームがトランジションを念頭に置いて計画を検討してくれた時を、そして良質なトランジション・プランが組織内で生じる反発（これが非常に多くの組織改革をだめにしてしまう）を前もって認識し、それを回避するのに役立った時の喜びを想像する。達成感を共有した時の気持ち、そして私の諫言《かんげん》が、遅滞や崩壊によって生じる損失を回避したと聞いた時の気持ちを思い起こす。私は（自分自身に言い聞かせる）、彼らが真に望んでいる結果を得ていくための最善の方法を提供するのだ。私が勧めているのは、彼らのための素晴らしい機会であり、単に成功するためだけではなく、その過程の中で何か新しいことを学ぶためのものでもある。

一度、深呼吸をしてから、「これから、みなさんが求めている結果を得ていくのに役立つと思われることを提案させていただきます」。さきほどと声が変わっているのが自分でもわかる。そして私は、「あらかじめ問題に対処することができて、彼らはなんてラッキーな人たちなんだ」「彼らはどれだけのお金と時間を無駄にせずに済んだだろう」などと思う。「私は彼らに大いなる利益をもたらしているのだ」

このようなやり方は一時的な効果しかない。それに、もしも私の提案が本心からのものではなかったとしたら、そんな作戦がうまくいくわけがない。また、たとえそうであったとしても、現実には意欲を喪失する時もあるだろうし、内なる反動主義者が言葉をはさむこともあるだろう。「見てみるがいい。彼らはおまえに懐疑の目を向けている。彼らは疑っているのだ。おまえを待っている場所はこの会議室以外にたくさんあるはずだ。敗北を認めて、大失敗することになるプロジェクトの成功でも祈ったらどうだ？　別に誰からも咎められないだろう？おまえはすでに警鐘を鳴らしたじゃないか」

どの提案も「その通りだ」という気がする。しかし、私はいまや、トランジションに対する抵抗がどんなものかを十分に知っているし、その抵抗に負けずに、トランジション・プロセスを進み続けていくことが、いかに大切かがわかっている。

目標よりもプロセスを重視すること

では、第三の重要な留意点を指摘しよう。それは、一歩ずつ、なすべきことを進めてゆき、「もっと事がうまく運ぶ場所やおもしろくてためになることがあるぞ」という甘い誘惑に抵抗することである。どんなことを始める時でも、結果がどう出るかが最大の関心事になるので、目標にたどり着くために必要な細々したことは、非常にくだらないように感じられる。あちこちに予約をとっていったり、切手を貼ったり、コラムの絵を書いたり、留守番電話にメッセージを吹き込んだり、自分の考えを幾度となく説明したりというようなことは、うんざりすることである。しかし、そうした作業から、新しい生命の息吹が立ち現れるのだが、最終目標と比べれば、やはりそれらはつまらなく思えるだろう。

重要なことを始める時は、結果に目を奪われすぎると、致命的なダメージを受ける危険がある。トランジションのセミナーに、一人の職業カウンセラーが来ていた。彼は、最近この地域に越してきて、新しい仕事を探していた。彼は三カ月以内に仕事を見つけるつもりでいたが、一カ月もしないうちに、もう就職できないような気がすると言い出した。仕事に結びつかなかった面接はすべて「失敗」であり、自分の発言はすべて「まちがい」だったという思いにとらわれたのである。

彼がこの気落ちした状態から解放されたのは、彼の関心が、当初の目標から職探しのプロセスに移った時だった。そして、おそらく偶然ではないと思うのだが、その後、すぐに職が見つかった。彼は面接を射撃のように（ちくしょう、またはずれたと）考えるのではなく、クモの巣に張りめぐらされる糸として捉えたのだった。それぞれの面接は彼に何かを教え、新しい人間関係を生み出し、彼自身の自己理解を深めた。彼は自分自身を、探しているものが見つからない人間というよりもむしろ、調査したり学んだりしている人間とみなすようになった。

そのプロセスの中で、彼は、何かを始める時に心に刻むべき四番目の重要なポイントを学んだ。それは、目標にではなく、目標に到達するまでのプロセスに目を向けていくことである。

このアドバイスは、ものごとが思うように進まない時の落胆を食い止めるのに役立つだけではない。それはトランジション・プロセスの真の構造をうまく表現している。結局、トランジションはプロセスであって、三段切り替えのスイッチではないのである。外界での新しい「始まり」が明白になり、それが急速に進むような場合でも、それに見合う内的な自己再生や復帰はゆっくりとしか起こらないのである。

昔の人々はこのことをよくわきまえており、多くの通過儀礼では、生まれ変わった人間をニュートラルゾーンから連れ戻す時に、いくつかの段階を用意したり相当の時間をかけたりした。たとえば、村に戻る途中に、いくつかの「滞在場所（ハーフウェイ・ハウス）」を設けて、そこで、数日から数週間の時を過ごさせるのである。

トランジション・プロセスのほかの領域でも言えることだが、かつては「始まり」を構成していたような社会的習慣を、われわれは失ってしまった。しかし、そうした伝統を自分たちの幸福と他者の治療のために生かすことは可能である。

新たな「始まり」に挑む人に、スターティング・ブロックから跳び出す短距離選手のように、すばやく進むことを期待するのは非現実的である。新しい仕事を始めた、ついに結婚した、家を新築した、というように外的状況が新たに確立された時でさえ、内的な「始まり」はまだ進行中である。このような時に、人々はよく言う。「まだ新しい状況に慣れていないだけなのだと思います」。しかし、正確にはこうではないだろうか。「私はまだ完全に生まれ変わっていませんが、まあそのうちに」

そんな時には、自分や他人に対して優しくし、気分を楽にするようなちょっとした支えや休息を大切にするといいだろう。そしてそんな時には、それを望むほど、新たな「始まり」は、喪失に満ちた終わりや苦しく不確かな「ニュートラルゾーン」と同様に、抵抗感に阻まれうるものであることを認識するべきだ。

もちろん、「終わり」の過程で、すべてがなくなってしまうわけではない。むしろ、多くのものごとが変貌する時には、人生には一貫して変わらないものもあるのだと気づくことが、大切だと感じる人もいる。

たとえば今、私はこの文章をダイニングのテーブルの上でタイプしているのだが、このテーブルは、私が生まれる前に両親が買ったものである。子ども時代は、ずっとこのテーブルで食事をした。このテーブルは、私のバックグラウンドになっているニューイングランドを象徴していると言ってもよい。カリフォルニアに住んでいる今は、子どもたちは私とはかなり違う育ち方をしているし、私の人生の目標もスタートの時とはずいぶん違ってきている。しかし、この四半世紀における私自身の重要な新たな「始まり」のいくつかが、古くから親しんできたこの家具の上で生み出されたという事実に、私は無上の喜びを感じるのである。

「私」の人生の新しい章が始まる

結局、始まるのは「私」の人生の新しい章である。私が別の人間になるのではない。「始まり」は、新しく生まれた完璧な「誰か」に起こっているのではない。トランジション・プロセスは、本当は人生航路の中の一つのループ（輪）なのである。少し本流から外れてしばらく遠ざかり、そしてぐるっと回って戻ってくるのである。

「ニュートラルゾーン」は一時的な状態にしかすぎない。経験者が言うように、そこは行ってみるとすごいところだが、誰もそこに住みたいとは思わないのである。ニュートラルゾーンの仕事が終わったら、あなたは戻ってくるのだ。

社会的にみれば、これは、孤立していた人間が離脱状態や荒野から帰還し、そこで得られた洞察や考えを形にしたり、行動に移したりすることを意味する。この帰還は、家庭や職場への新しい関わり方となって現れるだろう。その人は「どこかよそに」行っていたけれども、今は帰ってきて「ここに」いるのである。この帰還が人を新しい人間関係やプロジェクトに導くこともある。

いずれにせよ、最初の離脱によって破壊された古いつながりは、大幅に改められることにはなるかもしれないが、ここで再び結びつけられるのだ。心理学的には、帰還のプロセスは、われわれを本来の自分自身に引き戻すことになる。そのとき、新しいアイデンティティと古いアイデンティティの要素が再統合される。ふわふわ浮いた状態でなく、足がしっかりと地に着くためには、両者の結びつきが必要である。

「始まり」で再統合が生じるのは、「終わり」の局面で統合が崩れるのと同様に、自然なことである。内面的にも外面的にも、人は家に帰ってくる。すばらしい禅の教えにもあるように、

「悟りが開けたら、洗濯だ」

「終わり」と「始まり」。この中間にある空虚と発芽。これが人生におけるトランジションの形である。そしてこのトランジションは、成人期に思いのほか頻繁に訪れ、思っていたよりも深い影響を与える。人生には同様のプロセスが一貫して起きている。

人類として神に認められ祝福された時から、同じリズムがわれわれを夜の眠りに誘い、うろ覚えの解き難い手がかりに満ちた暗闇の時が流れたあとに、朝の目覚めをもたらす。そのリズムはまた、転換期を通して、われわれを終わりへと連れて行き、また別の新たな「始まり」への道を開いていく。

毎日の生活の中でも同じことが起こっている。日々のめまぐるしさの中でなかなか気づきにくいのだが、数多くの小さな「終わり」が私たちを小さな荒野に投げ出し、数多くの小さな「始まり」が混乱の中で芽生え、思いもかけぬ明確な形となって現れるのである（「あのアイデアはどこから生まれたんだったっけ？」「あれはいつ決めたんだったかな」）。

「終わり」と「始まり」の間には、空虚と発芽がある。この基本的形式は、成長のために必要不可欠なものなので、われわれは人生の中のその形式を理解しなければならない。そのことを熟知し、それを促進する儀式を作り上げている社会では、それに関する記述はほとんどない。言葉による説明は、心の深みに達せず、永続的な効果が期待できないからである。

これらの社会で重要な洞察を物語の形で表現するのは、このような理由によるのだろう。それゆえに、私はエディプスとスフィンクスの謎かけの物語を語り直し、オデュッセウスと帰還の旅について詳述したのだ。基本的なトランジション・プロセスを要約するために、もう一つ物語を紹介させていただきたい。アモールとプシケの話である。

エピローグ

ゴールにたどり着いたときでなく、
そこに向かってトランジションを経ていくときこそ
人は偉大なのである。

ラルフ・ウォルド・エマーソン[1]

――昔々、プシケ（古代ギリシア語で心や魂を意味する）という名の絶世の若き美女がいた。彼女は国で一番の美女であり、世間の誰もがそれを認めていたが、あまりの美しさに誰も言い寄る者がいなかった。姉たちは結婚し家庭を持ったが、プシケは完璧すぎて、普通の人間には釣り合わなかったのである。[2]

プシケの両親はついに、デルフォイで神託を受けるために使者を送った。しかし、その神託を聞くと二人は泣き出した。それはプシケが死ななければならないというものだったのだ。「プシケは死装束を身にまとい、王国のはずれにある寂しく険しい岩山の頂上に連れて行かれねばならない。そして、そこに捨ておかれねばならない」

話の中では、誰もなぜかとは問わない。というのは、何事もその人生に与えられた運命に従っているからだ。神託が言っているのは、古い人生が終わらなければ、どんな新しい人生も開けてこないということである。前進するためには、まず諦めねばならない。

――そこで、両親はプシケに死装束を着せ、葬式を執り行って、寒風の吹きすさぶ山頂に彼女を置き去りにした。残されたプシケが、恐怖に身を震わせ、絶望に打ちひしがれていた時、情熱的な愛の神であるアモールが、そばにやってきた。プシケの完璧なまでの美しさに魅せられて、彼は彼女に一目惚れする。彼は飛び立ち、友だちの西風を呼んで、プシケをアモールの秘密の神殿がある山の麓の隠れ谷まで運んでくれないかと頼むのである。

やがて、目を覚ましたプシケは、神秘的な美しさに包まれた城の中に入っていく。そこでは、欲しい物は何でも――食べ物も飲み物も、きれいな洋服も、すばらしい香りのお風呂も――あった。ただ、まともに接することのできる人がいなかった。しかし、やがて夜になると、その相手もいることがわかった。闇の中でアモールが訪れて、彼女と一緒に寝たのである。彼は毎晩やってきた。暗闇の中で、彼らは一晩中話したり、愛し合ったり、一緒に食事を楽しんだりした。プシケにとってこれ以上の暮らしは望みようもなかった。彼女はやっと幸せになれたのである。

いつものことだが、「終わり」が土地を掃き清め、新しい「始まり」の準備をしてくれる。この話の場合、プシケがしたことは少ししかない。すべてはたまたまそうなったのである。トランジションの中には、このケースのように、たまたまそうなったとしか言いようがないものがある。しかし、そうしたトランジションには何かが欠落している。外的な状況は新たに形づくられるけれども、内的な状態は変化していない。外観も、自己イメージも、価値観も変わっていない。外的には完全に変化したように見えるが、本当のトランジション・プロセスはほとんど始まっていないのである。

――やがてプシケは、そのような生活に奇妙な不満を感じ始めた。すべては完璧だったが、彼女は昔の友人や家族が恋しくなってきたのだ。この秘密の宮殿は本当にきれいだったが、非現実的だった。そこには、現実の世界や時間や人間関係が存在しなかった。彼女は、そのことをアモールに話してみた。「家族にもう一度会いたいのです。せめて、姉たちがここに訪ねて来ることはできないでしょうか」と彼女は尋ねる。

アモールは最初は拒否した。しかし、プシケが家族との再会をあまりにも熱望しているので、彼もついに可哀想に思うようになった。彼は、自分がいない時に彼女たちを連れてくるが、自分が戻るまでに彼女たちを帰しておきなさいとプシケに言った。プシケは喜び、その通りにすると約束した。

姉たちは、プシケがこの夢のような宮殿に連れてこられた時と同じ、西風に運ばれてやってきた。彼女たちは驚いた。そして嫉妬した。彼女たちは、秘密の夫は誰なのかとプシケに聞いた。もちろん、プシケも知らなかったが、彼女は作り話をした（アモールは暗闇の中にしか現れなかったし、けっして姿を見せようとしなかったので、彼女は自分の夫の顔を見たことがなかったのである）。プシケはこの事実をできるだけ隠そうとしたが、そのうちに話のつじつまが合わなくなってきた。

「あなたは自分の夫がどんな顔をしているかも知らないの？」と彼女たちは叫んだ。「どうして姿を見せないかわかる？　彼はたぶん大蛇か何かで、自分の醜さを隠すために暗闇を利用しているんだわ。あなた、だまされてるのよ。あなたの恋人は、吐き気を催す邪悪な野獣なのよ」

姉たちが帰ってから、プシケは混乱して絶望的な気持ちになっていた。アモールは紳士的で優しい人のように思える。しかし、けっして自分の姿を見せないのも事実だ。姉たちの言葉は強い猜疑心となって、プシケの頭をいっぱいにした。彼女は、自分で真実を確かめようと心に決めた。その夜遅く、彼が寝入ってから、プシケはこっそりと寝室を抜け出して、ろうそくとナイフを手にした。密かに夫の姿を見て、姉たちが絶対そうだと言ったような恐ろしい野獣だったら、彼を刺し殺そうと思ったのだ。

彼女は広間でろうそくに火を灯して、爪先歩きでこっそりと彼の寝ているベッドに近づいた。片方の手でろうそくをかかげ、もう一方の手にはナイフを持って、彼女は彼のベッドをのぞき込んだ。するとどうだろう。そこに横たわっていたのは、神々の中でも一番の美男子と言われたアモールだったのである。彼こそ愛する人だったのである。プシケの心は高鳴り、その手が震えた。すると、持っていたろうそくの熱い滴が、寝ているアモールの肩にかかってしまった。彼は目を覚ました。アモールはプシケのしたことを理解すると、「暗闇の掟を破ったので、二度と自分には会えないだろう」と言い渡した。突然、彼は行ってしまい、一人残されたプシケは、自分のしたこととその結果の重大さに衝撃を受け、気を失った。

現実の世界では約束は守るべきものである。しかし、神話の世界の出来事はすべて、未来の目標につながる何らかの意味を持って起こるものである。喪失が起こるのは、それまでの結合から離脱すべき時が来たことを示している。プシケは闇の世界に十分長い間いた。いまや、ものを見る時が来たのだ。ここでの変化は古い掟を破るという形で生じ、それによって古い状況は打破された。彼女自身が変化する時がやってきた。彼女は成長し、深まり、自分が誰でどこにいるのかについて、責任をとるのだ。外的な変化に内的な変化が追いついたのである。

——そこで、プシケは楽しい日々を過ごした宮殿を出て、夫を捜す孤独な旅を始めた。悲しみにくれるプシケは神々に助けを請い、ついに、アモールの母親である恋愛と美を司る偉大な女神アフロディテのところに連れて行かれた。アフロディテは言った。「おまえは私の息子を捜しているようだが、おまえは、これから果たさねばならないことに耐えるだけの強さは持ってないだろう」。プシケは「そんなことはありません」と言った。彼女はどんなことでもするつもりだったのだ。「いいだろう。それじゃあ、大変な仕事を四つしてもらおうじゃないか」

アフロディテは言った。「最初に、この部屋いっぱいの穀物の種を選り分けるんだ。種類別にそれぞれの山に分けるのだよ。しかも一晩のうちにね」。アフロディテはドアをさっと開け、ありとあらゆる種類の種がうず高く積まれた山を指さした。彼女はすぐに続ける。「それがすんだら向こうの草原に行っておいで。そこに、黄金の羊たちがいるから、その羊の毛を一房とってくるんだ」。プシケは息をのむ。その羊たちは、火を吐き、その草原に入る者はすべて殺してしまうからである。アフロディテはプシケが気を取り直さぬうちに、三つ目の難題をふっかける。「次は、あの断崖絶壁から黄泉《よみ》の国に流れ落ちる川の水を、このグラスに一杯汲んでくるんだ」。アフロディテは、希望を失った人間の顔を楽しむようにプシケを見た。
「そして、最後に……」とアフロディテは言う。「冥界に降りていって、女王ペルセポネに、目を見張るばかりに女性を美しくする魔法の秘薬を、この小箱に少し分けてくれるように頼んでくるんだ。ここに持って帰ってくるんだよ」。こう言うと、アフロディテは消えてしまった。

プシケは、呆然と立ち尽くした。悲しみにくれながら、彼女はドアを開けて、最初の課題である穀物の種の山を眺めた。それは、かなり大きな部屋一杯に彼女の背よりも高く積み上げられていた。プシケはかがんで種子を一掴みすくってみた。小さいもの、大きいもの、黒っぽいもの、白っぽいもの、……一年かけても、このごちゃごちゃを選別できる者はいないだろうと思われた。それを、一晩でやらなければならないのだ。あまりの膨大さに圧倒され、彼女は種子の山裾に埋もれて泣いてしまった。力なく両手に種子をすくってみたものの、疲れて落ち込んでしまい、彼女はすぐに眠ってしまった。

プシケの人生がはじめて変化した時は、彼女はまったく受動的だった。すべてはたまたま彼女の身に降りかかったことだった。しかし、いまや彼女は自分で行動しようとしている。けれども、与えられた課題は何と難しいのだろう。まさに不可能ではないか。彼女はやろうとはしたが、諦めざるを得なかった。そのとき、彼女は発見する……。

――彼女が眠っていた時、アリの大群が部屋に入ってきた。そして、アリのリーダーの指示によって、アリたちは種子の選別を始めたのである。アリたちは、一晩中巨大な種子の山に群がり選別したので、その山は少しずつ低くなり、ついには、小麦、ライ麦、豆、からし種などの種類別に分けられてしまった。夜が明けると、アフロディテはドアを開け、そこに寝ていたプシケを起こした。二人は選り分けられた種の山を見て、目を見張った。プシケは何も言わなかった。アフロディテはただ「まだ三つの仕事があるからね」とだけ言った。

黄金の羊の毛と黄泉の国に流れ落ちる川の水を手に入れる時にも、同じようなことが起こった。プシケが羊の毛を手に入れるのを諦めかけていた時、川のそばで葦《あし》が彼女にこうささやいた。「日が沈んで、羊たちが寝場所に帰るまで待ちなさい。それから、草原の端に忍び寄って、イバラに引っかかった黄金の羊の毛を手に入れればよいのです」。黄泉に注ぐ滝の水の時も、彼女は絶望していた。しかし、そのとき、天国から偉大なワシが舞い降りてきて、彼女の手からグラスをとり、彼女の頭のずっと上の奔流から水を汲んできたのである。アフロディテはプシケが言いつけ通りにするたびに驚いたが、やがて不気味な感じでこう言った。「おまえがどんな冥界の旅をするか見てみようじゃないか」

ここに登場するアリや葦やワシは、一体何なのだろう。なぜ、プシケが希望を捨てかけるたびに、何かが現れて彼女を助けるのだろう。「人を助ける動物」は昔話や夢によく現れるが、本能的ないし理性よりも深いレベルの洞察やエネルギーに対応している。トランジションの課題は、意識的にやり始めたり完遂したりできるものではないように思われる。しかし、それはプシケがはじめに山頂で体験した外的トランジションのように、自動的に達成されていくものでもない。今では、彼女は苦悶しなければならず、そのあげく、消耗しきってしまうことさえある。助けは、そのあとで現れるのだ。それはまるで、その人がすべてのエネルギーを使い果たしてはじめて、新しく思いがけない力が出現するかのようである。

——それにしても、プシケはどうやって冥界にたどり着き、どうやって危険なあの世を生き抜いて、宝を持って帰って来るのだろうか。この場合も、まさに彼女が諦めかけていた時、そばに建っていた塔が彼女に話し始める。塔は三つの知恵を授ける。それは、三途の川の渡し守に銅貨をやること、番犬を手なずけるためのお菓子を持っていくこと、そして、助けを求める人がいても無視することである。

それを聞いて、彼女は旅立つ。お金とお菓子は大したことはなかったが、困っている人々からの懇願を無視するのは大変だった。道中に出会ったのは、ロバが背負っていた荷物を落としてしまったと嘆く老人、手を貸してくれと頼む機織りの老女、哀れっぽく助けを乞う瀕死の人たちだった。こうした切羽詰まった訴えに耳を貸すことなく、プシケは突き進んでいった。この旅はほかの人が代行することはできない。プシケにしかできないことなのだ。彼女は、何度も絶望の淵に立たされたが、ついに、それをやり遂げた。それにしても、ありがたいのは、あの塔の親切なアドバイスである。

しゃべる塔？　援助を求める人を無視する？　冥界への旅？　一体これらは何を意味しているのだろう。それはつまり、最も意味のあるトランジションは、プシケが体験した内的な変化のように、地獄の苦しみを伴うものだということではなかろうか。人は跳び上がる前に、かがまねばならないのだ。このような旅はまた、たった一人で行くしかない。他人に優しくする習慣や、自分を優しい人間だと思うことは、敗北につながる。この時期は、これまでと同じように他人の世話を焼くよりも、自分が今していることと、その意味に神経を集中すべきなのである。神の命令に従うなら、行くべきところをめざして進むのだ。小さくなった服を脱ぎ捨てて、われわれは新しい人生を見いだすためにトランジション・プロセスを歩み続けねばならないのである。

ところで、なぜ「塔」なのか？　昆虫や鳥などの生き物に助けられたあとで、どうして無生物である人工の「塔」が力を貸してくれるのだろう。おそらくこれは、最終的には、ある程度意識的な努力が必要になるということを示しているのだろう。深層の無意識的な資源を利用することが最も重要だけれども、それだけではゴールにたどり着けない。地獄への暗い道を下るには、意識的な計画が必要なのである。ここにはパラドックスが内包される。

私も本書で同じことをしている。つまり、あなた自身の内的なプロセスを信頼しなさいと言っておきながら、そのあとで、何をすべきかアドバイスしているのである。そう、つまりは、無意識の力と意識的努力の両方が必要なのだ。闇の中を進むときには、かすかに記憶された、わずかなアドバイスに頼るしかないだろう。

――プシケが帰ってきた時アモールが待っていれば良かったかもしれないが、彼はそこにいなかった。むしろ、この時点では、事態は悪化するように見える。この世に帰還したプシケは、手に持った魔法の秘薬の入った小箱を見つめ、心を惑わせる。彼女は箱を開いてみたいという誘惑に駆られる。これほど貴重なものなら、きっとすばらしいに違いない。中身を全部アフロディテに渡さなくてもよいではないか。プシケはそう考えて小箱を開ける。しかし、その秘薬のパワーは人間には強すぎて、プシケはその場に崩れ落ちてしまうのである。

神話に書かれていることすべてが、的確にポイントを指摘している。秘密の恋人の姿をのぞき見たいという衝動が新しい意識のレベルへの旅立ちに彼女を導いたように、この箱をのぞき見る行為によって、莫大なパワーが解き放たれたのだ。

「ニュートラルゾーン」の荒々しさとは、これほどすごいものなのである。そのとき人は、強大なエネルギーや啓示に遭遇する。それは人生を変容させるほどの力を持っている。ということは、そのエネルギーは人間には支えきれないほど強いということでもある。かつて儀式が重要であった理由の一つはここにある。例の「塔」のように、それらの儀式は方向を示し、安心を与えてくれたのである。

同様の理由で、本書で述べてきたような意味でトランジションを理解することも重要になるだろう。このような考え方をしないと、人はわけのわからない恐ろしい場所に入り込んで、抜け出せなくなる。

冥界からの宝物のふたを開けた時、プシケは好奇心が強すぎたわけではない。彼女は本当の自分に気づくための最終的なステップを踏んで、彼女の人生の新しい局面と地位にたどり着くためのパワーを得たのである。人生の重要なトランジションを経た人がそうであるように、彼女は変わっていく。

——プシケが大地に崩れ落ちるやいなや、アモールが現れ、死んだようになった彼女を抱えて、オリンポスに連れて行く。そこで、神々の慎重な審議を経て、プシケは不死の存在となる。すなわち、神々の一人に加えられるのである。彼女はアモールと結婚し、そこで二人は末永く幸福に暮らした。

……いや、また次には大きなトランジションが控えていて、やがてそれがやって来るのかもしれないが。

訳者あとがき

本書は、欧米のキャリア開発の世界で定評を得ている、ウィリアム・ブリッジズの『トランジション』改訂版の翻訳である。初版と改訂版の間には、ほぼ二〇年が経過している。両者の違いは、主に第4章が加筆されたことであるが、著者が中年期を経て老年期に入ったこともあって、人生を俯瞰するような指摘が本書全体にちりばめられている。したがって、本書は全体の改訂版と言ってもよいくらいである。

本書の中心的テーマは、人生における外的変化と内的変容、change と transition を識別し、後者をより深く体験することにある。人生には、就職や結婚など外的・形式的に変化する時と、それに伴って、あるいは前後して、内的・心理的に大人になったり妻や夫になったり、親になったり老人になったりしていく変容過程がある。外的変化は（それが就職や昇進、結婚や出産など一見望ましいことであっても）、ときには、内的な危機をもたらす。

そのような危機を回避する目的もあったのだろう、たいていの文化では、外的な変化に際して何らかの儀式が行われてきた。入学式、卒業式、成人式、入社式、結婚式、誕生日や還暦の祝いなどは（あるいは葬式もまた）その例である。近代以前のたいていの社会では、このような儀式は宗教的な色彩を帯び、人々はスピリチュアルな体験をして次の段階に進んでいった。とくに、子どもから成人になる区切りの時には、いわゆる「通過儀礼」が用意され、若者たちは荒野や特別の施設で試練を受け、内的にも変容を遂げて、その後、一人前の大人として新たに社会に迎えられる。本書で言う、「ニュートラルゾーン」は、こうした移行の時期、何かが終わり、何かが始まるまでの中間領域ないし移行期を指している。かつて、人々は、このような時空間を経てスピリチュアルなトランジションを成し遂げてきたのである。

しかし、現代社会では一般に儀式の価値はしだいに失われつつある。かつて神や霊との交流を図っていた祭りや儀式は単なるイベントの様相を呈している。このような時代にあっては、社会に期待するのではなく、個々人が何らかの形で儀式を創造し、そのなかで、スピリチュアルなトランジションを体験することが必要になってくるのではなかろうか。ブリッジズが本書で主張したい核心はそこにあるように思われる。とくに本書では、彼自身が体験してきた転職やアイデンティティの変容、妻との死別やその後の再婚など、さまざまなトランジション体験が記述されており、個人的な内的変容過程の重要さが浮き彫りにされている。

初版のあとがきでも述べたが、このような認識は、カウンセラーや心理療法家の一部に共有されている。たとえば、河合隼雄は、『心理療法序説』（岩波書店　一九九二年）のなかで、「心理療法において、個々のクライエントがその人なりに『神話の知』を見出したり、儀式を創出したりするのを治療者が助ける」と述べ、われわれは、「宗教的儀式についても知るべきである」し、「文化人類学者による最近の研究は大いに参考になる」と記している。ブリッジズが、こうした「臨床の知」をよりどころにしてきたことは彼の記述からしてほぼ間違いない。

しかし、個々の人間がスピリチュアルなトランジションを一人でやり抜くのは非常に困難である。そのため、カウンセリングや心理療法を受けたり、種々のワークショップやボランティア活動に参加したり、あてもない旅に出たり、芸術活動に没頭したりする人もいる。本書を読了されることによって、読者がトランジションをうまく生き抜いていく上で何らかのヒントが得られるなら、著者にとってこれに勝る幸せはないだろう。

本書の翻訳作業を始めて間もないころ、思いがけないことであったが、初版の翻訳を勧めてくださった金井壽宏氏からメールを受け取った。外的なコンタクトは途切れがちでも、内的な交流は保たれることがある。深刻なトランジションを経験していた私は、彼の言葉によって少し救われる思いがした。このようなご縁で、今回、金井氏には本書の帯を書いていただいた。今回の翻訳に当たっては、訳者の二人が多忙なため、倉光星燈、小木戸利光、田中敦の各氏に下訳をしていただき、非常にありがたかった。また、難解な文章については、バリー・チータムさんにコメントをいただいた。ここに記して感謝の意を表したい。

本書全体の翻訳の責任は訳者二人にある。訳出に当たっては、かなり時間をかけて見直したつもりだが、それでも至らぬところがあるにちがいない。お気づきになられたらご指摘いただければ幸いである。

最後になったが、一般の読者にわかりやすい書物になるようにと、さまざまなご示唆をいただいた浦辺京子氏と、われわれの仕事が遅々として進まないときにも辛抱強く待ってくださった編集部の高倉美緒さんに心からお礼を申し上げたい。

二〇一四年三月

訳者を代表して　倉光　修

原注

＊参考までに日本語版を付記した（訳者）

第I部

1　Daniel J. Boorstin, *The Americans : The National Experience* (New York : Random House, 1965), pp. 92-93. 第二部の「流浪の民 The Transients」は、トランジションの研究に歴史的背景を提供しており、興味深い。（＊ブーアスティン『アメリカ人――大量消費社会の生活と文化』上・新川健三郎訳、下・木原武一訳、河出書房新社）

2　G. W. Pierson, *Tocqueville and Beaumont in America* (New York : Oxford University Press, 1938), p. 119. からの引用。

3　*The Complete Poetical Works of Henry Wadsworth Longfellow* (Boston : Houghton Mifflin, 1893), p. 296.

4　Alvin Toffler, *Future Shock* (New York : Bantam Books, 1970), p. 12.（＊トフラー『未来の衝撃』徳山二郎訳、中公文庫）

第1章

1　Lewis Carroll, *Alice's Adventures in Wonderland* (New York : Signet Books, 1960), p. 47.（＊キャロル『不思議の国のアリス』柳瀬尚紀訳、ちくま文庫）

2　Mircea Eliade, *Rites and Symbols of Initiation*, trans. Willard Trask (New York : Harper&Row, 1965), p. 31.（＊『神話と現実』〈エリアーデ著作集7〉中村恭子訳、せりか書房）

3　この評定尺度は最初 *Journal of Psychosomatic Research 11* (1967) pp. 213-218. に発表された。以来、新聞や雑誌などによく紹介されている。『ストレス』(Blue Cross Association, 1974, Chicago) というパンフレットにも取りあげられた。

第2章

1　Erik H. Erikson, *Identity, Youth, and Crisis* (NewYork : W. W. Norton, 1968), pp. 128-135.（＊エリクソン『自我同一性――アイデンティティとライフ・サイクル』小此木啓吾訳編、誠信書房）

2　Daniel J. Levinson, *The Seasons of a Man's Life* (New York : Knopf, 1978), pp. 78-84.（＊レビンソン『ライフサイクルの心理学』上・下、南博訳、講談社学術文庫）

3　前掲書2、pp. 84-89. Roger Gould, *Transformations* (New York : Simon and Schuster, 1978), pp. 153-215.

4　ビューラー（Buhler）の考えをうまくまとめたものに、彼女の共同研究者の一人、(Else Frenkel-Brunswik) の以下の論文がある。"Adjustment and Reorientation in the Course of the Life Span,"［B. L.

Neugarten, ed., *Middle Age and Aging*（Chicago : University of Chicago Press, 1968）, pp. 77-84.]

5　レビンソン前掲書2、p. 141.

6　大器晩成型の人や老年期に入ってからも優れた創造性を示した人については、次の本を参考にするとよい。John A. B. McLeish, *The Ulyssean Adult : Creativity in the Middle and Later Years*（Toronto : McGrow-Hill-Ryerson, 1976）.

7　Huston Smith, *The Religions of Man*（New York : Mentor Books, 1958）, p. 64.

8　C. G. Jung, *Psychological Reflections*, ed. *Jolande Jacobi*（New York : Harper &Row, 1953）, p. 119.

9　C. G. Jung, *Modern Man in Search of a Soul*（New York : Harcourt Brace, 1933）, p107.（＊ユング『現代人のたましい』（ユング著作集2）高橋義孝他訳、日本教文社に一部収録）
最近のより体系的な研究においても、同様の見解が示されている。たとえば、Bernice Neugartenは“Adult Personality : Toward a Psychology of the Life Cycle”（前掲書4）, p140にこう書いている。

「年をとると、重要な性差が現れる。男性は親密さや養育的欲求をより受容するようになり、女性は攻撃性や自己中心的衝動をより罪悪感を感じずに受け入れられるようになる。

10　マクリーシュ前掲書6を参照のこと。

11　A. L. Vischer, *On Growing Old*, trans. Gerald Onn（Boston : Houghton Mifflin, 1967）, p. 169からの引用。

第3章

1 Rosalie Maggio, *Quotations By Women*（Boston : Beacon Press, 1992）p. 203 参照

2 前掲書1、p. 43

第4章

1 職業生活でのトランジションは転職や単なる失職と同義語のようになってきたが、それは不幸なことである。同義語になれば、職業生活におけるトランジションについて語る際に、それらが外的な変化のために起こったのか、われわれが人生の次の章に移行する内的シフトのために起こったのかわからなくなってしまうだろう。ここで再度、変化とトランジションの違いを明確にすることが大切だ。変化とは、配置転換、昇進、新しいポジション、上司の交替、新しい退職計画、新技術など、外的状況が変わることを意味する。一方、トランジションは心理的なプロセスであり、そのなかで古いものからの離脱、古いものと新しいものの間のどこでもない場所の通過、新しい始まり、新しいアイデンティティの形成などが進んでいく。

職業生活、家庭生活いずれにおいても、トランジションは変化の結果起きることもあるが、中年期のトランジションのように、変化は人生周期の中に組み込まれた内的な再方向づけや再生の時期を単に示しているだけのこともある。前章では関係性の文脈の中でトランジションを語ったが、本章では職業生活で起きるトランジションについて論考する。「職業生活におけるトランジション」という言葉は、単に転職や失職のことを指しているのではない。

2 人生の最終章にいる人たちに特徴的なことをもっと知りたければ以下の書を参照のこと。"Transition and Elderhood," in William Bridges, *The Way of Transition* (Cambridge, Mass. : Perseus Publishing, 2000), pp. 179-199.

3 前掲書、p. 197.

4 もし、現在あなたがトランジションを経験している最中に、新しい仕事や収入源を見つける必要があるなら、私のこの本が役に立つだろう"*Creating You & Co.*" (Cambridge, Mass. : Perseus Publishing, 1997).

第Ⅱ部

1 Mircea Eliade, *The Sacred and the Profance*, trans. Willard Trask (New york : Harcourt, Brace, Jovanovich, 1959), pp. 208-209.（＊エリアーデ『聖と俗――宗教的なるものの本質について』風間敏夫訳、法政大学出版局）

2 詳細は以下を参考のこと。Arnold van Gennep, *Rites of Passage*, trans. Monika B. Vizedom and Gabrielle L. Chaffee (Chicago : University of Chicago Press, 1960)（＊ヴァン・ジュネップ『通過儀礼』秋山さと子他訳、思索社）; エリアーデ前掲書（第1章2）、Victor W. Turner, *The Ritual Process* (Chicago : Aldine,1969) ; Peter Radin, *Primitive Religion* (Magnolia, Mass., Peter Smith, 1957)

3 ヴァン・ジュネップ前掲書2、pp. 10-11.

第5章

1 T. S. Eliot, *Four Quartets* (New York : Harcourt, Brace, 1943), p. 38.（＊エリオット『四つの四重奏曲』森山泰夫注解、大修館書店）

2 Paul Reps, *Zen Flesh, Zen Bones* (New York : Anchor Books, n. d.), p. 18に記載されていた禅の話を応用したものである。

3 Sam D. Gill, "Disenchantment," *Parabola* (Summer, 1976) : pp. 6-13. に記載されていた例である。

4 Elisabeth Kubler-Ross, *On Death and Dying* (New York : Macmillan, 1969), pp. 38-137.（＊キューブラー＝ロス『死ぬ瞬間』正・続、川口正吉訳、読売新聞社）

5 Mircea Eliade, *Myths, Dreams and Mysteries*, trans. Philip Mairet (New York : Harper&Row, 1967), p. 224.（＊エリアーデ『神話と夢想と秘儀』岡三郎訳、国文社）

第6章

1 Lao Tzu, *Tao Te Ching*, trans. D. C. Lau (Middlesex, England : Penguin Books, 1963).（＊老子『タオ』加島祥造訳、パルコ出版）

2 Carlos Castaneda, *The Teachings of Don Juan* (New York : Ballantine Books, 1968), p. 110.（＊カスタネダ『呪術師と私——ドン・ファンの教え』真崎義博訳、二見書房、ちなみに、本書の「ドン・ジュアン」は真崎の訳書では「ドン・ファン」と読まれている。イタリア語では、「ドン・ジョバンニ」である）

3 この引用やトルストイの危機の詳細は、自叙伝によって明らかにされたものである。*A Confession*, Trans. Aylmer Maude (London : Oxford University Press, 1940).

4 エリアーデ前掲書（第5章5）p. 80.

5 ヴァン・ジュネップ前掲書（第Ⅱ部2）

6 "Nature," *The Complete Works of Ralph Waldo Emerson*, Vol. 1 (Boston : Houghton Mifflin, 1903), p. 4（＊『エマソン選集』1、斉藤光訳、日本教文社）

7 George Orwell, *1984*（New York : Signet Books, 1949）, p. 189.（＊オーウェル『一九八四年』新庄哲夫訳、早川書房）

8 この「欲しい物」についての話はJames Bugentalのセミナーから引用させてもらった。

9 休息の必要性や、ユダヤ・キリスト教での安息日の概念を研究したものに以下の本がある。Wayne Muller, *Sabbath : Restoring the Ancient Rhythm of Rest and Delight*（New York : Bantam, 1999）.

10 キャロル前掲書（第1章1）p. 27.

11 Arnold Toynbee : *A Study of History* の抄録［D. C. Somervell（New York : Oxford University Press, 1947）, pp. 217-230.］（＊トインビー『歴史の研究』1～3、長谷川松治訳、社会思想社）

第7章

1 Horace, "To Lollius," *Epistles*, Book Ⅰ, p. 2.

2 John Galsworthy, *Over the River*（London : William Heineman, 1933）, p. 4.

3　エリアーデ前掲書（第5章5）p. 48.

4　Joseph P. Lash, *Eleanor and Franklin*（New York : W. W. Norton, 1971）, p. 238.

エピローグ

1　Ralph Waldo Emerson, *The Journals and Miscellaneous Notebooks of Ralph Waldo Emerson*, Vol. 5, ed. Merton M. Sealts, Jr（Cambridge, Mass. : Harvard University Press, 1965）, p. 38.

2　ギリシャの作家アピュリエウス（Apulieus）によって書かれたこの話は、筆者とは違って、女性心理学の視点から最近よく取り上げられる。以下を参照のこと。Robert A. Johnson, *She : Understanding Feminine Psychology*（New York : Harper & Row, 1976）; Erich Neumann, *Amor and Psyche*（Princeton : Princeton University Press, 1956）.（＊ノイマン『アモールとプシケー』河合隼雄監修、玉谷直實・井上博嗣訳、紀伊國屋書店）

■著者紹介

ウィリアム・ブリッジズ

1933年ボストン生まれ。ブラウン大学よりPh.D.取得（アメリカ文学）。ミルズ・カレッジの教授職を辞し、トランジションのセミナーを開いて成功した。人間の発達についての著作、講義、コンサルタントなどの仕事を精力的にこなし、人間性心理学会の会長もつとめた。会社や組織がトランジションをいかに乗り切るかについての研究も深め、会社経営、組織運営に関するコンサルタント会社を経営。アメリカでの顧客はインテル、ヒューレット・パッカードなど多数。またその活動はアメリカ国内にとどまらずヨーロッパ、アジア、アフリカなど各地で講演を行った。著書には『トランジション マネジメント』（パンローリング）、『ジョブシフト』（徳間書店）、『Creating You & Co.』『The Way of Transition』がある。

■訳者紹介

倉光修（くらみつ・おさむ）

1951年生まれ。京都大学大学院教育学研究科博士課程修了。現在（2014年3月まで）、東京大学学生相談ネットワーク本部学生相談所長・教授。臨床心理士。博士(教育学)。著書には『臨床心理学』『心理臨床の技能と研究』（岩波書店）、『カウンセリングと教育』（誠信書房）、『動機づけの臨床心理学』（日本評論社）など。共訳書には『自閉症とパーソナリティ』『子ども中心プレイセラピー』（創元社）など。

小林哲郎（こばやし・てつろう）

1954年生まれ。京都大学大学院教育学研究科博士後期課程修了。臨床心理学専攻。現在、神戸女学院大学教授。臨床心理士。博士（教育学）。著書に『学校臨床——子どもを巡る課題への視座と対応』（共著、金子書房）、『文章完成法を応用したテストＳＣＴ－Ｂに関する研究』（風間書房）がある。

■編集協力

浦辺京子

■翻訳協力

倉光星燈
小木戸利光
田中敦

本書は『トランジション——人生の転機』（1994年11月、創元社）を新装改訂したものです。

2014年4月3日 初版第1刷発行
2017年7月1日 第2刷発行
2018年5月1日 第3刷発行
2019年5月1日 第4刷発行
2019年12月1日 第5刷発行
2020年11月1日 第6刷発行
2021年8月1日 第7刷発行
2022年1月2日 第8刷発行
2023年7月2日 第9刷発行
2024年4月2日 第10刷発行

フェニックスシリーズ ⑱

トランジション
——人生の転機を活かすために

著 者 ウィリアム・ブリッジズ
訳 者 倉光修、小林哲郎
発行者 後藤康徳
発行所 パンローリング株式会社
〒160-0023 東京都新宿区西新宿7-9-18-6F
TEL 03-5386-7391 FAX 03-5386-7393
http://www.panrolling.com/
E-mail info@panrolling.com
装 丁 パンローリング装丁室
印刷·製本 株式会社シナノ

ISBN978-4-7759-4122-5